Albert Londres

La Chine en folie

récit

motifs

MOTIFS n° 43

Illustration de couverture : © Karen Petrossian,
Olivier Mazaud, Bernard Perchey.

Première publication Albin Michel, 1922

ISBN 2 84261 274 4

À PROPOS DE L'AUTEUR

Né en 1884 à Vichy, Albert Londres, qui se destinait à une carrière de poète, s'est très tôt rendu célèbre par ses articles et ses relations de voyages, publiés au début du siècle dans *Le Petit Journal, L'Excelsior* ou *Le Petit Parisien*.

Encore plus que son style et son talent, c'est son humanisme et la richesse de son regard, face au monde et aux gens qu'il observe, qui ont fait de ses textes d'indémodables modèles du genre. Ses prises de position véhémentes et sa lutte à coups de dépêches au style nerveux et rythmé contre le cynisme colonial, le racisme et l'oppression de l'être humain en général, restent aujourd'hui d'une actualité poignante.

Disparu en 1932 dans l'incendie du *George-Philipar,* paquebot qui le ramenait de Chine avec un reportage mystérieux, Albert Londres reste dans

les mémoires comme le père du grand reportage. Le prix qui porte son nom, créé pour couronner chaque année un grand reporter, perpétue un ton et un état d'esprit qui sont devenus une tradition.

À Charles Laurent
qui me mit en main le bâton de châtiment.
A. L.

... puis il y a celui qui voyage
comme l'oiseau vole, parce que Dieu,
à l'un donna des ailes,
à l'autre inquiétude.

HISTOIRE QUI PEUT SERVIR DE PROLOGUE

JEAN-PIERRE d'Aigues-Mortes n'avait pas de profession : il était envoyé spécial de journaux. Depuis des années, il arpentait la terre d'un point cardinal à un autre. Aussi pouvait-il jurer que la géographie se trompe en n'avouant que quatre points cardinaux. Certainement il y en a davantage...

Jean-Pierre était devenu ce qu'il était sans préméditation. Un jour, on l'avait fait appeler dans un bureau. Là, un monsieur portant généralement le titre de rédacteur en chef et la rosette d'officier de la Légion d'honneur, et qui avait obtenu de l'administration quelque maigre crédit pour donner « un peu plus de vie au journal », lui avait dit : « Bonjour ! Avez-vous une valise ? Oui ? Allez donc voir à Constantinople ce qui se passe. » Il partit. Il tourna trois mois dans les Balkans, puis il revint.

Le rédacteur en chef, qui avait été félicité pour l'idée, regarda le voyageur avec des yeux étonnés et lui dit : « Que faites-vous là ? Il faut repartir. » Il repartit.

Quand il eut couché dans toutes les capitales d'Europe, interviewé quatre monarques, prédit d'imminentes complications internationales, comme il ne lui restait plus une bank-note et que, d'autre part, son journal avait à fouetter d'autres chats que de répondre à ses télégrammes désespérés, Jean-Pierre retraversa l'Occident en wagon de troisième classe et reparut, visiblement affamé.

– Encore vous ? lui dit le rédacteur en chef. Vous n'aviez plus d'argent ? Ce n'est pas ce que dit l'administrateur.

– Qu'est-ce qu'il dit ?

– Que vous avez déjà dû acheter une maison de campagne.

– Deux !

Il repartit. Les divers Orients virent son ombre se profiler sur leur sol. Il fut prisonnier dans Fez et toute une nuit le youyou des Marocaines chanta à ses oreilles la mélopée de sa mort probable.

Sur la mer Noire, alors qu'il essayait de comprendre pourquoi les Turcs qui ne valent pas cher saignaient périodiquement les Arméniens qui ne valent pas mieux, Jean-Pierre attrapa un gracieux typhus – pour le punir de se mêler de ce qui ne le regardait pas.

« Allez donc voir à Damas ce que fait l'émir Fayçal. » Il alla à Damas alors qu'on n'y allait pas. Trois longues nuits, le club arabe discuta pour savoir ce qui, politiquement, vaudrait le mieux, ou laisser ressortir le correspondant ou, le lendemain, plaindre à grands cris l'infidèle qui s'était allé jeter de lui-même sur le poignard d'un fanatique.

Une crapule nommée Hussein venait d'être bombardée roi du Hedjaz et cela pour le seul plaisir de la généreuse Angleterre, Jean-Pierre partit à Djeddah, afin de contempler ce roi de La Mecque.

Mais les Anglais sentirent Jean-Pierre sur la mer Rouge. Et, si tout le monde ne le sait pas déjà, que chacun l'apprenne ici : il est bien préférable pour un correspondant en voyage de curiosité de rencontrer sur son chemin une tribu de scorpions que deux gentlemen de la police anglaise.

À quelque temps de là, alors que sous le prétexte d'étudier le problème égyptien, Jean-Pierre était au Caire, se chauffant dignement les côtes au soleil de février, l'*Eastern Telegraph Cie*, qui lui en avait fait quelques autres, lui apporta un câble réfrigérant : « Allez Moscou. »

Il alla.

À découcher dans ces proportions, une étonnante maladie avait atteint Aigues-Mortes : il ne pouvait plus contempler deux jours de suite sa figure dans la glace de la même armoire. Repassant une fois par Paris, la seule vue de son appartement le plongea dans une inguérissable mélancolie.

Il vendit ses meubles qui jusqu'ici lui avaient été si fidèles. Il donna congé et, pour tromper l'attente, il élut domicile à Terminus Saint-Lazare, d'où il pouvait, de sa fenêtre, voir des taxis chargés de bagages, tandis que, par la lucarne de son cabinet de toilette, entraient les chers appels des sifflets de locomotives.

Ce fut plus tard, six mois après, qu'il reçut la révélation de la détresse des retours. En général, les gens pleurent et s'effondrent aux départs. Ce sont de faux voyageurs. Ils font partie de cette catégorie de malheureux qui mettent une semaine à boucler une malle ! C'est quand on rentre que la lèvre est amère et le cœur dans le brouillard !

Jean-Pierre revenait d'une terre méchante de l'Amérique du Sud.

Le voyageur de grand chemin prend rapidement l'habitude de circuler tout à son aise parmi des millions d'individus qui lui resteront parfaitement inconnus. Il va parmi ces foules, sans plus s'occuper d'elles que le poisson de l'immensité de la mer. Quel étonnement, en revoyant sa patrie, d'entendre les passants parler tous votre langue ! Ce sont vos frères, vos sœurs. On se promène en famille ! Mais l'horizon se rétrécit bientôt. On dirait que les frontières bornent votre vue. Votre jugement, si libre sur les routes du monde, revêt comme un uniforme national. On a la sensation que, derrière vous, une main vous a doucement replié les ailes.

Ce soir, dans Paris retrouvé, Jean-Pierre marchait sur les boulevards extérieurs. En passant près de la bouche du métro Pigalle, il entendit crier près de lui : « *L'Intran ! La Presse ! Paris-Soir !* » Il connaissait cette voix, elle parlait à ses souvenirs. Il se retourna. Il vit la *même* petite marchande de journaux, avec les *mêmes* cheveux roux, qui, à la *même* place, lançait les *mêmes* mots !

Ainsi, pendant dix-sept mois, il avait traîné son incertaine carcasse, de Suez à Panama et de la Polaire à la Croix du Sud, pourquoi ? Pour se heurter ce soir à cette créature qui, elle, n'avait pas bougé !

Jean-Pierre poursuivit son chemin. La main invisible qui conduit les hommes le mena dans une taverne que d'abord il n'avait pas reconnue.

– Hé ! bonsoir ! Aigues-Mortes lui dit-on, que faites-vous par ici ? Vous n'êtes donc plus en voyage ?

Voilà la phrase, se dit Aigues-Mortes. Je la connais ! On me la répète depuis dix ans. Je n'ai plus le droit de marcher sur le sol de mon pays sans que cela paraisse louche !

– Quand repartez-vous ? demanda l'ami.

Le garçon apparut. C'était toujours le *même* garçon. Un client l'appela. Ce garçon n'avait même pas changé de nom !

– Tiens ! fit le garçon, monsieur d'Aigues-Mortes ! Quand repartez-vous ?

– Adieu ! fit l'homme errant.

Il ralliait la gare Saint-Lazare quand, à l'angle de la rue Saint-Georges et de la rue de Châteaudun, une femme l'arrêta. Il la reconnut. Celle-là non plus n'avait pas quitté son poste. Dix-sept mois auparavant, au *même* coin de rue, elle le saisissait ainsi par le bras.

– Quoi ? lui dit-il, tu n'es pas morte, toi non plus ?

– T'es piqué ! lui renvoya l'enfant.

Jean-Pierre gagna son Terminus. Une fois dans sa chambre, il jeta violemment son chapeau sur sa valise.

– Ah ! le Carnaval ! s'écria-t-il, quelle grande idée philanthropique ! Convier ses contemporains à changer de gueule du jour des Rois au mercredi des Cendres, voilà ce que les Italiens, à mon avis, ont fait de mieux dans l'histoire.

Le lendemain après-midi, on pouvait voir Jean-Pierre d'Aigues-Mortes, absorbé, sur l'un des trottoirs de la rue Vignon. Il regardait dans la vitrine des Messageries maritimes la carte d'Extrême-Orient. Il parlait tout seul :

– Port-Saïd, Suez, Djibouti, Colombo. Bon ! disait-il. Pénang, Singapour, Saïgon. Parfait ! Haïphong, Hong Kong, Shanghaï, Yokohama, voilà mon affaire !

Il avait passé sa nuit à chercher vers quelles terres il pourrait s'en aller. C'était urgent puisque sa présence en France tournait au scandale ! Les Balkans ? On compterait par kilomètres les lignes

de copie qu'il écrivit sur cette question. Le bluff bolchevik ? Il l'avait déjà dénoncé. La nouvelle Turquie ? Oui et non. L'Espagne ? Il faudrait l'assassinat d'Alphonse XIII pour redonner de l'actualité au pays.

Il envoya promener l'Europe.

Le Mexique ? La guerre des pétroliers ? Trop brûlant pour des journaux à gros tirage. La Palestine ? Le sionisme ? Que de juifs puissants pendus au téléphone de la rédaction quand paraîtraient les articles ! La fraude de l'alcool aux États-Unis ? *L'allié* du rhum ? On le lui avait déjà refusé.

Quoi ?

Et de l'autre côté du canal ? se dit-il. L'Inde en flammes, Gandhi ? Pas mauvais ! La Chine ? La Chine et son anarchie ? La Chine, enjeu de la partie de canons qui se prépare entre le Japon et l'Amérique ? Va pour la Chine !

Et, donnant un grand coup de pied dans sa chère valise en peau de cochon :

– Réjouis-toi, ma vieille, nous allons repartir sur les grands chemins.

Donc, ce lendemain après-midi, ayant tenu son petit monologue rue Vignon, Jean-Pierre pénétra dans le hall des Messageries. Seuls les vrais chrétiens, ceux qui tressaillent sous le porche d'une église, sont capables de comprendre l'émotion qui secoue Aigues-Mortes chaque fois qu'il franchit le seuil de Thomas Cook ou d'une compagnie quelconque de navigation.

– Quelle est la date du prochain départ pour Shanghaï et Yokohama ?

– Plus de place avant cinq mois ! Tout loué !

Jean-Pierre sourit. S'il ignore beaucoup de choses, il sait qu'un correspondant trouve *toujours* une cabine à bord. Il sait qu'il n'est jamais resté sur un quai. Il sait, la foudre tomberait-elle tous les cinq mètres devant sa personne un jour d'embarquement, qu'il arriverait quand même à temps et tout entier, pour gravir la coupée, ou profiter de l'échelle de corde.

Il demanda de nouveau :

– Quel jour le prochain départ ?

– Samedi.

– Salut !

On était jeudi.

Il sauta dans un taxi : « Au *Grand Journal* ! »

– Quand on vous revoit, monsieur d'Aigues-Mortes, lui dit le garçon de l'ascenseur, c'est que vous allez repartir.

Il entra chez le rédacteur en chef.

– J'ai une idée. Cela ne vous coûtera pas cher. Je m'arrangerai.

– Où ?

– Indes, Japon, Chine.

– Vous vous arrangerez ?

– Il paraît que là-bas les journaux du pays payent assez correctement la copie. Avancez-moi quelques billets. Vous ne ferez pas une mauvaise affaire.

– Vous partez demain ?

– Après-demain.

– Voilà un bon. Au revoir !

– À l'année prochaine !

Jean-Pierre était déjà sorti.

– Dites donc, passez chez l'administrateur. Je crois que votre assurance sur la vie ne vaut plus rien.

– Pas le temps ! Au revoir !

– Passez chez l'administrateur, vous dis-je. Ce serait le journal, ensuite, qui serait forcé de casquer. C'est déjà suffisant de vous donner de l'argent tant que vous êtes en vie !

Marseille. Jean-Pierre gagna le cap Pinède. Il monta sur le bateau. Il avait trouvé une cabine, évidemment !

– Parfait, dit-il après avoir serré la main du barman ami d'autres traversées, on va toujours vivre quarante-cinq jours là-dessus qui ne devront rien à personne.

Et Jean-Pierre huma le large, passionnément.

S'il voyageait, c'était comme d'autres fument l'opium ou prisent la coco. C'était son vice, à lui. Il était l'intoxiqué des sleepings et des paquebots. Et après des années de courses inutiles à travers le monde, il pouvait affirmer que, ni le regard d'une femme intelligente et malgré cela proprement faite, ni l'attrait d'un coffre-fort, n'avaient pour lui le charme diabolique d'un simple et rectangulaire petit billet de chemin de fer.

I

TEL EST LE PAYS

« ROIS, ministres, officiers, gens du peuple, à bas de vos chevaux. »

À Pékin, dans l'enceinte du palais d'Hiver, face à la montagne de charbon aux cinq pics et cinq pagodons, sur une stèle millénaire, en cinq langages : mongol, mandchou, chinois, turc et tibétain, ainsi, la vieille Chine, orgueilleusement, apostrophait le passant. À vous tous qui désirez me suivre par les trouées obscures du Céleste Empire en déliquescence, hommes de peu ou de bien, traîneurs de mélancoliques savates ou abonnés de rubriques mondaines, moi, diable blanc et barbare d'Occident, du haut rickshaw qui me roule présentement sur le sol immonde et vénéré de la Chine, je crie :

– Gens du peuple, officiers, ministres, rois, bottez-vous jusqu'au-dessus du genou, armez-vous

de pincettes pour prévenir le contact de toutes choses et en avant !

Chine : chaos, éclats de rire devant le droit de l'homme, mises à sac, rançons, viols. Un mobile : l'argent. Un but : l'or. Une adoration : la richesse.

Du bandit de deuxième classe aux plus authentiques tyrans, une unique idée : diriger vers sa demeure des brouettes de sous de bronze ou des wagons craquant sous l'or. Le peuple est une punaise que les hommes en armes écrasent dès qu'il ose sortir des plinthes.

Si vous désirez rajeunir, soyez satisfaits : nous retournons sept siècles en arrière. Le territoire est livré aux grandes compagnies. Nous sommes revenus à l'époque de Du Guesclin, mais Du Guesclin n'apparaît pas !

Vingt et une provinces, vingt et un tyrans. L'un vend sa part de Chine au Japon, l'autre aux Américains. Tout est mis à l'encan : fleuves, chemins de fer, mines, temples, palais, bateaux. Pour chacun le pays est un butin. Il ne s'agit que de faire main basse dessus, alors on ouvre les enchères. Qui veut des locomotives ? Qui dit tant de dollars ? Vous ? Tokyo ? Bon ! Adjugé ! À qui les trésors des empereurs Ming, avec le marché du pétrole pardessus le compte ? À l'Amérique ? Adjugé !

Gabelle, taxes, impôts, toutes les ressources sont pour les généraux. Si l'on en prenait un au retour d'une de ses tournées, alors que ses poches débordent et qu'on l'incinérât, ce ne serait

pas de la cendre que rendrait le four mais du métal en fusion. On fondrait une cloche avec ses restes.

– Il faut bien qu'ils payent leurs soldats, ces généraux-là, direz-vous.

– Oui da ! bon peuple de chez nous, ils paient leurs soldats par un jour de pillage, chaque mois. Quand les Chinois, par bonheur, en connaissent la date, ils se précipitent chez le *toukiun* (ces tyrans s'appellent *toukiuns*).

– Ne nous écartèle pas, nous réglerons les dépenses. Combien veux-tu ?

Les villages moins malins sont ravagés. Les dames qui ont horreur de l'imprévu dans le plaisir se jettent dans les puits pour échapper au rut déchaîné. (Que les puits sont étroits ! Qu'elles doivent avoir de petits corps !)

Dans le Maomingan, à huit cents kilomètres de Pékin, au centre de la boucle du fleuve Jaune, sur la ville d'Honrato, naguère, les bandits s'abattent. Ils enlèvent des femmes. C'est généralement une marchandise de bonne rançon. Ils les soupèsent. À leurs yeux, l'une vaut cent dollars. Ce n'est pas qu'elle possède une jolie petite bouche en forme de cerise, mais le mari est riche. Hélas ! le mari n'est pas seulement riche, il est mufle aussi. Je veux dire qu'il aime autant son coffre que sa femme. Il vient trouver le chef :

– Je suis pauvre, dit-il, voilà ce que je puis faire : cinquante dollars.

– Bien ! dit le chef qui empoche, moi je suis pour la justice, avance.

Il ouvre une porte, les otages sont alignés.

– Où est ta femme ? Celle-ci ? Parfait.

De son sabre, il la coupe en deux.

– Voici ta part, quand tu rapporteras cinquante dollars, tu auras l'autre moitié.

Ailleurs, par un jour de haute débauche militaire, les notables de la ville promise au sac n'avaient rien voulu savoir. Chacun avait enterré son magot. Il fallait pourtant que la horde se payât. Le *toukiun,* par un ordre du jour, lui avait donné vingt-quatre heures franches de liberté pour cela. Les ravageurs envahirent les maisons, se saisirent des enfants et, par les fenêtres, les repassèrent aux copains, en bas, dans la rue, qui les recevaient sur la pointe de la baïonnette. Ainsi sortit la galette.

Ce n'est pas de la chronique du temps de Marco Polo, c'est de l'histoire contemporaine.

La Chine a perdu la tête. Par compensation, elle a deux cerveaux : Pékin au nord, Canton au sud.

Dans le Sud, un homme qui s'appelait Sun Yat-sen s'est assis carrément, un jour, dans un fauteuil de bois noir, au-dessus de quoi était écrit : « Présidence de la République ». Il était président de la République du Sud comme moi je suis en ce moment propriétaire de l'hôtel de Pékin, parce que j'y occupe la chambre 518.

Sur cinq provinces, trois ne lui obéissaient pas et dans Canton, sa capitale, le tiers des forces était hors sa main.

Les trois provinces réfractaires ont pour roi un M. Tchaen-Kiong-Ning, qui crache délicatement sur le sol, en signe de démenti, chaque fois qu'on lui dit que Sun Yat-sen fut son président. Il n'a pas tort. Et je le démontre.

L'ensemble des sans-métiers, des chenapans, des traîne-loques et autres pouilleux formant les armées du Sud fait un total de trois cent cinquante mille fusils. Sur ces trois cent cinquante mille fantassins de la dèche, l'homme cracheur, Tchaen-Kiong-Ning, en possède cent mille, et l'homme qui était président de la République comme moi je suis propriétaire de l'hôtel de Pékin trente mille. Les deux cent vingt mille qui restent, c'est la pagaïe, mercenaires de simples *toukiuns,* ayant plus de fusils que de cartouches, usant celles qu'ils touchent à se tirer dans les jambes, n'obéissant que pour piller, se neutralisant d'eux-mêmes, courant l'hiver après les moutons pour leur voler leur peau, et crânant l'été, les fesses à l'air. C'est le Sud.

Le Nord a pour capitale Pékin.

Au point de vue politique, Pékin est une ville dans le genre de Saint-Denis et de Sceaux : elle est supprimée.

Il est bien à Pékin un président de République qui habite un palais céleste et impérial, de l'autre côté des lacs de nénuphars, dans la Ville interdite,

mais je crois que c'est lui qui est interdit ! Il n'est président de la République que pour les jocrisses de mon acabit et les ministres plénipotentiaires du quartier des légations. Le seul être lui obéissant est tibétain et ce n'est pas un homme, c'est un chien !

Deux tyrans, deux super-*toukiuns* : Tsang-Tso-lin et Wou-Pé-Fou règnent en Chine du Nord.

Ce sont les deux bouddhas de la guerre.

Tsang-Tso-lin est au nord, capitale Moukden. Il a trois cent mille hommes et, près de lui, derrière un paravent, le Japon.

Wou-Pé-Fou est au centre, trois cent mille hommes aussi. À son côté, blottie à l'ombre d'un grand dollar, se tient l'Amérique.

Le lundi, Tsang-Tso-lin, perché sur l'extrême pointe de la Grande Muraille, là où solennellement elle s'enfonce dans la mer, crie à Pékin, les lèvres au porte-voix :

– Chassez-moi ce ministère. Le président du Conseil me dégoûte. J'ai dit. Rompez.

Alors, le président du Conseil saute brusquement sur ses pieds, attrape un train en marche et se réfugie à Tient-Sin sur la concession française dont trois jours auparavant, au cours d'un magnifique mouvement oratoire, il demandait la suppression.

Le mardi, Wou-Pé-Fou, campé au milieu du grand pont du fleuve Jaune, lance, tonitruant :

– Tsang-Tso-lin n'est qu'un âne, le président du Conseil restera à Pékin. J'ordonne.

Et le brillant président du Conseil, à pas de loup, rejoint, de nuit, son ministère.

Alors, Tsang-Tso-lin, de son trône, regarde Wou-Pé-Fou sur le sien :

– Prends garde, fils de chienne, dit-il, j'astique mon escopette.

Et il chantonne :

Avec moi j'ai le Japon
Pon-Pon
Tu peux croire que c'est bon.

– Que les mânes de tes ancêtres rôdent insatisfaits hors de leur cercueil, lui renvoie Wou-Pé-Fou. Et il murmure :

Avec moi j'ai l'Amérique
Ique-Ique
Et ma trique vaut ta trique.

Tel est le pays fol où je vous emmène, compagnons d'aventures !

II

COOLIE ! JE VEUX DORMIR

MOUKDEN ! J'ai froid ! L'hiver, les trains, dans les régions sibériennes, devraient-ils arriver à six heures du matin ? Le jour lui-même semble prévoir ce qui l'attend dès qu'il montrera le nez ; aussi, n'ose-t-il sortir de la nuit.

Est-il écrit que je mourrai étouffé par la foule ? En tout cas, l'accident ne se produira pas à l'instant. Nous sommes deux qui descendons du trans-mandchourien. Il y a moi et puis un plâtrier. Si ce plâtrier vient ici avec sa blouse blanche pour réchampir l'empire de Chine, j'aime autant le prévenir de l'énormité de sa tâche. Monsieur ! lui dis-je en m'approchant poliment de lui, vous n'y parviendrez jamais seul. Allez chercher des compagnons. L'homme ne me répondit pas. Il ne m'avait pas compris. Ce n'était pas un plâtrier, mais un Coréen en costume national et la blouse blanche

qui l'habillait n'était qu'une chemise de nuit. De plus, il portait une cage à mouches sur la tête, autrement dit un chapeau haut-de-forme en treillis de fer sans bord et maintenu par deux rubans qui finissent, au cou, en un nœud de cravate assez délicat. Ce chapeau n'est pas pour lui tenir chaud, il est sur sa tête afin de protéger contre les injures du hasard le chignon honteux que tout bon Coréen arbore, nid à poux, sur le sommet du crâne.

Ah ! je débarquais avec un joli coco !

Qu'il fait froid ! C'est cela, la Mandchourie ? Et il y eut des montagnes de cadavres, ici, en l'honneur de ce pays ? Le genre humain est complètement toqué.

Sortons de la gare. Les employés ne peuvent s'y opposer, il n'y en a pas ! Me voici sur le trottoir. Le Coréen s'en va. Sa chemise se perd dans la nuit.

Au fait, me dis-je, j'ai pu me tromper. J'ai cru descendre à Moukden mais je suis peut-être dans le désert de Gobi ? Quoi qu'il en soit, encore cinq minutes d'attente et je suis frigorifié.

Mais voici un coolie-pousse qui accourt dans l'ombre en tirant son rickshaw.

– Coolie, regarde-moi !

Et comme je parlais le chinois à la manière des sourds-muets, je mis mes mains dans la position d'un oreiller et je couchai ma tête dessus.

– *Yes ! Yes !* fit l'enfant jaune.

Et l'homme-cheval, m'emportant dans sa chaise roulante, partit d'un trait.

Le vent cinglait et passait au papier de verre les joues du pauvre reporter. Quant à mes oreilles qui, ce matin, étaient certainement celles d'un âne (qu'étais-je venu faire en ce pays ?) je n'en parlerai pas ; depuis longtemps elles étaient gelées. J'avais envie d'arrêter l'élan du Chinois, de m'étendre dans la rigole et de remettre ainsi au sort le soin de mon brillant avenir.

Le coolie tirait toujours, c'est d'ailleurs pourquoi on l'appelle un « pousse ».

« S'il me déniche une chambre avant cinq minutes, je lui donne un dollar ! »

Telle était ma pensée. Si je n'avais plus d'illusions, j'avais encore parfois des pensées.

Nous avons à Paris l'avenue des Champs-Élysées. Ils ont à Berlin *Unter den Linden.* À New York il y en a tant que l'on fut obligé de les numéroter. Cela n'existe pas devant l'avenue de Moukden. Elle commence à la gare et ne finit pas. Si l'enfer, au lieu d'être un endroit où l'on cuit, était un lieu où l'on gèle, l'avenue de Moukden serait l'avenue qui conduit chez Satan.

Le jour avait pris son courage à deux mains : il se levait. Moi j'aurais bien voulu me coucher. Un cri plaintif s'échappa de ma poitrine. Le coolie se retourna. De nouveau je posai ma tête sur l'oreiller de mes mains.

– *Yes ! Yes !*

Un rond-point ! Là, les vents sibériens étaient tous au rendez-vous et dansaient, au petit jour, un

ballet diabolique. Il me semblait que d'invisibles hommes de peine, prenant mon visage pour un parquet, le passaient à la paille de fer.

Une pyramide ! Les citoyens de ce pays n'auraient-ils pas mieux fait de construire un hôtel à la place de cette pyramide ? Dessus une date : 1905.

Dix-neuf cent cinq ? Ah oui ! Moukden 1905, où les officiers de feu le pauvre tsar firent la noce au lieu de faire la guerre ! Et une idée sillonna mon esprit. Je venais de trouver pourquoi Kouropatkine avait perdu la bataille de Moukden. Ce matin-là, il devait faire froid comme aujourd'hui et les officiers russes étaient restés au lit avec les petites femmes servies par les Japonais. Et c'était bien une excuse !

Le coolie pose ses brancards. Voici l'hôtel. Le Chinois hôtelier dormait. Frappe fort, gentil coolie, démolis la sonnette, défonce la porte, brise les carreaux. J'attrape la tuberculose dans ta brouette. Aucun écho.

Le coolie reprit ses brancards.

– Deux dollars ! fis-je.

Les mots qui parlent d'argent sont entendus quel que soit le point de la planète.

C'était la fortune. Le coolie eut des ailes aux talons. Ce coup, ce ne fut ni du papier de verre, ni de la paille de fer mais des lames de rasoir qui entrèrent dans ma peau.

Mais enfin j'étais en Chine. Et chacun se doute que c'est un grand bonheur d'accomplir un si beau voyage !

Myako-Hôtel. C'était un hôtel japonais. Entre le mot *Myako* et le mot *Hôtel* une petite colombe grivoise servait d'arme parlante à cet établissement. Son plumage, quoique en plâtre, tenait déjà chaud à mon cœur.

Les Japonais se levant toujours avant les Chinois, le patron était debout.

– *Konnitchiwa* (bonjour), me dit-il.

– Tiens, fis-je au coolie, regarde : trois dollars !

Nous sommes tous ainsi au début des voyages. Ce n'est qu'après, à l'heure de prendre notre grand crayon – notre grand crayon à faire les additions – que nous regrettons de n'avoir pas amené un mathématicien dans nos valises... mais après !

C'est beau une chambre ! Hélas ! J'allais encore avoir froid. J'en étais sûr. J'ai toujours froid depuis que j'ai perdu ma bien-aimée couverture. Je l'ai oubliée, une nuit maudite, à Abo, en Finlande, sur le sale comptoir d'une douane maritime.

Elle venait de Salonique. Un bon juif me l'avait vendue. Fidèle compagne, chaude et légère, je l'avais entraînée à travers le monde pour une course de soixante-six mille kilomètres. Je l'aimais. Elle avait couché avec moi dans toutes les capitales d'Europe, connu les Balkans et ses typhus, l'Orient et ses quarantaines, les ponts de bateaux, les palaces et les *kans* nauséabonds. J'avais su la sauver des théories de Karl Marx, un matin de perquisition, dans le Moscou de la terreur. Pour qu'elle fût bénie, je l'avais prêtée, sur la route de Jérusalem, à

Son Éminence le cardinal Dubois. Et Son Éminence avait bien voulu me faire sur elle de chauds compliments.

Je la secouais, je l'épouillais. Je lui parlais :

– Viens, ma vieille, nous allons encore prendre le train !

Dire que maintenant elle borde sans doute et pour toujours la couche immobile d'un Finlandais sédentaire, peut-être même d'un douanier !

Ô toi qui ne voyageras plus jamais, pardonne-moi !

III

UN REPORTAGE EST UN REPORTAGE

ICI NOUS ne parlons que pour les hommes qui ont l'habitude de changer de lit. Les autres ne nous entendraient pas.

Je m'éveillai l'après-midi dans cet état de béatitude bien connu des voyageurs au long cours.

Où étais-je ? Au Caire ? À Tokyo ? À New York ? Temps délicieux où l'on ne sait plus où l'on vit ! La mouette saurait-elle dire sous quel degré de latitude se trouve la vague qui la berce ?

Au souvenir de ces moments, je comprends les gens qui boivent, qui jouent, qui se droguent. Ils doivent connaître des instants qui s'apparentent à ces instants. Mais j'en tiens encore pour les miens.

Ne pas savoir où l'on respire, n'est-ce pas être déjà un corps glorieux ?

J'ouvris la fenêtre. Je vis que dehors tout était dégoûtant. Je me rappelai que j'étais en Chine.

Au fait, pourquoi suis-je en Chine ? C'est, dis-je en laçant mes bottes, pour assister à la guerre entre M. Tsang-Tso-lin et M. Wou-Pé-Fou. Je sentis qu'un sourire passait sur ma face. Et je m'adressai encore la parole. Es-tu bien sûr, me dis-je, que les lecteurs de ton journal attendent chaque matin, le cœur battant, des nouvelles de MM. Wou-Pé-Fou et Tsang-Tso-lin ? Un beau crime à Ménilmontant l'emportera toujours sur une guerre dans la province du Tchély, mon ami. De plus ne sais-tu pas que cinq mille cadavres n'ont pas la même valeur suivant qu'ils pourrissent à cinq cents ou à vingt mille kilomètres de Paris ?

Bah ! un reportage est un reportage. Là-dessus je me coiffai et je partis à la recherche du truculent bandit qui a nom Tsang-Tso-lin.

IV

FANTASTIQUE HISTOIRE DE TSANG-TSO-LIN

TSANG-TSO-LIN, chef des bandits *Hong-Houzes*, autrement dits moustaches rouges, super-*toukiuns* du Fang-tien, maréchal de l'armée chinoise, roi de Mandchourie, dictateur de Pékin, tyran absolu, illustre de Singapour à Yokohama (les gloires aussi ont leurs frontières), un as !

Il naquit dans le Sud d'un père coolie-pousse et d'une mère ravaudeuse de hardes. Préférant la volupté de traîner sa natte dans les égouts chinois à l'orgueil d'être un lettré, il n'apprit pas à lire. Il cherchait des plantes aux sucs mystérieux pour guérir les animaux malades de mauvais traitements. Ce fut sa première vocation, devenant vétérinaire comme d'autres s'installent rebouteux.

Mais le Japon décide de sabrer la Chine. Nous sommes en 1894. Le petit pouilleux Tsang, raflé par les recruteurs, est enrôlé dans les armées de

l'empereur de Chine. On lui met des chaussures, on lui passe une tunique. Ça le gêne. Il déserte.

On le traque. La maréchaussée bat la campagne, forçant ses pareils. S'il est pris, il perd la tête pour l'exemple. Il fuit et tombe près de Nuzian, dans la ferme Saint-Joseph que tiennent les Sœurs de la Providence, françaises, saintes filles et hautes âmes.

Il dit que ses ennemis sont à ses chausses, supplie qu'on le cache. On le cache. Il devient domestique, trait les vaches, va au puits. Deux semaines passent. L'hospitalité chrétienne touche à sa limite. On va le renvoyer. Il implore.

– Alors, fais-toi catéchumène.

Va pour le Christ ! Il se fait catéchumène.

On lui apprend les prières apostoliques. Son triomphe est le *Credo.* Il le chante comme un refrain de café-concert, en tondant les moutons. Mais les guerres ont toutes une fin. Il le faut pour qu'elles puissent recommencer Et les gendarmes alors disparaissent des routes. Tsang sait cela. Il flaire. La voie est libre, il détale, plantant là son salut éternel.

Il revient dans son pays, à Newch-Wang. Il a vingt-deux ans, c'est le bel âge pour choisir une carrière. Sur le chemin du retour, il a trouvé sept fusils. Il racole six clampins de son âge. Avec lui comme chef, cela fait aussitôt sept brigands.

Ses premiers pas annoncent l'homme qu'il sera. Il établit les lois de sa compagnie. Sa main est de fer. Ses brigands n'auront pas le droit d'attaquer

dans le village. Ils n'ont champ libre qu'à deux lis (douze cents mètres) de la dernière maison. Ils ne chercheront d'abord qu'à dépouiller le passant, tueront s'il le faut, mais ne tortureront que s'il y a lieu.

Ses affaires vont au mieux. Sa maîtrise impose. On vient à lui. Sa troupe s'enfle. Les *Hong-Houzes*, ou moustaches rouges, fameux bandits de Mandchourie, dont les lettres de noblesse remontent au-delà du déluge – Noé, pour en conserver la race, ayant emmené deux des leurs dans son arche –, se rangent sous son sabre. C'est la puissance. Tsang règne sur une province.

Dix ans passent vite. Les Japonais et les Russes tombent alors subitement amoureux fous du pays du Matin-Calme, qui porte le joli petit nom de Corée. Ils décident de s'entre-tuer pour les beaux yeux de cette fiancée. C'est la guerre. Sur les champs où elle doit mener sa danse macabre, le coupe-tête Tsang-Tso-lin est une force. Les Japonais louent Tsang-Tso-lin, lui donnent argent, armes, souliers et bénédictions.

Le voilà espion et franc-tireur.

La guerre cesse. Tsang est riche. Il tient maintenant la Mandchourie entière sous son pistolet. Ce n'est plus un bandit sans référence, c'est un chef de bandes chevronné. L'Empire chinois ne peut plus ignorer Tsang. On doit compter avec lui. On lui offre d'entrer dans l'armée régulière avec grade de colonel et décoration du Tigre (troisième

classe). Le compère se tâte, sourit intérieurement, accepte.

Le voilà officier supérieur de l'armée de l'Empire. On lui laisse entendre que sa carrière serait tout de même plus rapide s'il donnait une preuve de sa conversion. L'ambition le tient, les Japonais aussi, qui lui disent : « Va donc ! » Il donnera les preuves que l'on voudra.

L'occasion se présente. Pékin désirerait se débarrasser de Tou-li-San, autre chef de moustaches rouges.

Tsang-Tso-lin invite Tou-li-San à déjeuner. C'est son vieux copain, son frère de lait en brigandages. Tou-li-San accourt. Le repas est de choix. Il y a des ailerons de requins, du canard laqué et le vin ambré colore l'intérieur des petites coupes de porcelaine. Heureux, les deux compagnons évoquent leurs plus beaux crimes.

« Te souviens-tu ?... » Comme c'est beau l'amitié !

La fête est finie. Tsang accompagne Tou jusqu'à la porte. Les politesses de cérémonie durent longtemps. Enfin, Tou met le pied dans la cour. Un peloton l'attend et le fusille en marche. Tsang-Tso-lin fait décapiter Tou-li-San. Il saisit la tête, saute à cheval, éperonne sa bête, arrive bride abattue au palais du vice-roi et pose le trophée tout chaud sur le bureau impérial.

Tsang était devenu honnête homme.

C'est la première phase de sa vie.

Voici la seconde :

Le maréchal tartare, qui commandait alors dans Moukden, prend peur de Tsang. Il l'expédie en Mongolie. Tsang sait déjà que dans la vie des hommes illustres il est des moments où ils doivent s'effacer. Il va en Mongolie.

Soudain, la Révolution chinoise éclate. Nous sommes en 1911. Le maréchal tartare fait défection à l'Empire. Le vice-roi de Mandchourie se tourne vers Tsang-Tso-lin. Le colonel Tsang rentre de Mongolie et étrille le maréchal tartare.

Mais c'est le maréchal qui avait vu juste : la République l'emporte. Qu'importe ? Tsang n'en est pas à un régime près. Au nom de la République, il fait alors tomber les têtes, comme il faisait hier au nom de l'Empire et avant-hier au nom de Mandrin. Il s'y connaît. C'est son métier ! Grâce à lui le calme renaît. Il est nommé général.

Alors, il appelle les chefs de brigands ses amis et les nomme d'office capitaines dans l'armée régulière. La Chine, suivant sa norme, entrait dans une période de décomposition. L'heure de Tsang avait sonné. Il se proclame vice-roi de Mandchourie, se fait maréchal et s'adjuge le sceau des neuf lions.

Le film maintenant se précipite.

Une autre guerre – en 1914, dit-on – occupa le monde et donna naissance aux bolcheviks. Bref, ces temps-ci, les bolcheviks envahissaient la Mongolie. Tsang en ressentit durement l'injure. Il se tourne vers Pékin. Il exige trente millions de

dollars pour chasser Lénine de Mongolie. Pékin s'incline. Tsang empoche. Il va se mettre à la tête de ses armées. Cependant il ne peut partir qu'un jour faste, il consultera les sorts, la tortue et l'achillée. Les sorts n'ayant pas répondu (qu'il dit), il n'alla pas en Mongolie.

Mais... il constitue un gouvernement : commissariat des Affaires étrangères, des Finances, de l'Intérieur, de l'Instruction publique (il ne sait pas encore lire) ; une cour : maître des cérémonies, chambellan ; une garde d'honneur de mille hommes qui ne compte que des coupe-jarrets ayant au moins à leur tableau deux crimes bien pesés. Son fils, vingt ans, est bombardé général et la commande.

Un ordre terrible règne en Mandchourie. Il est impitoyable pour les pillards, les irréguliers, les bandits.

Quand il sort, quatre autos blindées forment son cortège et l'on ne sait la voiture dans laquelle il est assis. Met-il pied à terre ? Un premier cercle de soldats le regardant l'entoure et, dos à dos, un second cercle fait face, celui-ci, à l'attentat possible. Tsang est le centre d'un soleil dont les rayons sont des canons de fusils.

Son armée est de trois cent mille hommes. Il siège à Moukden, il invective Pékin, il vaut personnellement cent millions de dollars, il rêve à l'Empire et, chaque matin, il consulte son magicien noir, fameux devin aveugle.

V

DU CONSULAT À L'ÉVÊCHÉ

COMMENT voir un si bel homme ? J'avais mis mon chapeau, ma tête était bien en dessous, malheureusement je n'avais aucune idée dans cette tête.

Mais il y a un consulat à Moukden ?

– *Coolie ! French Consulat !*

– *Yes !*

Je saute dans le rickshaw.

En Extrême-Orient le coolie-pousse répond toujours :

– *Yes !*

Il vous charge et part sans savoir où il va.

L'important, pour lui, est que vous soyez dans sa brouette. Je n'ai su cela que bien plus tard, quand je devins plus malin.

Le coolie me roula de la concession japonaise à la ville chinoise, il m'amena à la gare

transmandchourienne puis à la gare de Pékin. Je fis trois fois le tour de la pyramide 1905.

– *French Consulat hein ? coolie.*

– *Yes ! Yes !*

Il me conduisit à la poste. Là, il posa ses brancards et souffla. Je soufflai. Le coolie s'attela de nouveau, et nous voici partis pour un beau terrain vague. La France, ma patrie, sera toujours la même, pensais-je, elle établit ses consulats dans les endroits inhabités. Comment voulez-vous que notre commerce extérieur soit prospère !

Le terrain vague battu dans tous ses coins, le coolie me ramena à la pyramide. Si peu développé que soit, en Chine, un cerveau d'Européen, le mien finit par s'ouvrir à la lumière. J'arrêtai là le Chinois et, montrant de ma main, tour à tour, les quatre points cardinaux :

– *French Consulat ?* Là ? là ? là ? ou là ?

D'un mouvement des épaules, le coolie avoua qu'il n'en savait rien.

Je descendis pour l'étrangler.

Il s'en tira grâce à sa crasse. Son cou n'offrait pas un endroit où l'on pût, sans danger, poser ses mains de Blanc.

Voici venir un cheval et une voiture. Ce cocher avait compris mes déboires. De la mèche de son fouet il chassa l'ignorant coolie et, m'appelant sir, il m'invita à monter dans sa calèche.

C'était une poubelle. De vieux légumes abandonnés traînaient sur le plancher. Le drap du

coussin était magique, ses grains sautaient. C'étaient des puces qui jouaient à pigeon vole.

– Bah ! je me tiendrai debout et je m'épucerai en rentrant. Cocher ! *French Consulat !*

Nous y voici. Bon Dieu que nous sommes pauvres ! De toute façon, ne pourrait-on passer un peu de pâte à faire reluire sur la plaque de cuivre ? Le vert-de-gris la mange. Un pot de pâte à polir ne ruinerait pas le budget du ministère des Affaires étrangères. Je laisserai un don à cet usage. Mon journal est riche.

Une grille entoure la cabane. Où est la porte ? Cocher, où est la porte du consulat de mon pays ?

Elle était bien cachée. Je frappe du poing et de la canne. J'appelle, je supplie :

– Consul, c'est un pauvre Français qui tire la sonnette !

Une fenêtre s'entrouvre. La face céleste d'un Chinois apparaît. Il voit tout de suite ce dont il s'agit :

– Attendez !

Le Chinois dégringole l'escalier, déverrouille la porte et, de la manière qu'un enfant de chœur présente le missel, il met un carton sous mon nez :

LE CONSULAT DE FRANCE
EST MOMENTANÉMENT TRANSPORTÉ À HARBIN

Tout va ! Garde soigneusement la maison, vieux Chinois ! Surtout veille au feu ! À la rigueur la

France peut se passer d'un consul, mais d'un consulat ! Tu sens la responsabilité qui pèse sur ta calotte de soie, j'espère ?

Le Chinois m'encensait de profondes révérences.

– Ici, mon ami, tu es la France, tu m'entends. En m'inclinant devant ta casaque crasseuse, c'est le Quai d'Orsay que je salue. Au revoir ! Bonjour à tes femmes !

Mais Tsang-Tso-lin ? Allons, trouve une idée, me dis-je. On ne te paye que pour cela et tu n'en as jamais !

Au cours de ma promenade avec le coolie que j'aurais bien voulu étrangler, j'avais aperçu, au loin, le clocher d'une église catholique :

– Cocher, chez messieurs les missionnaires !

L'église était close, le bon Dieu sous clef. Peut-être l'avait-on, lui aussi, transporté à Harbin ?

Je me mis à faire du boucan. Ce n'est pas un pays, criai-je à la ronde, c'est un cimetière ! Vous frappez aux portes et personne ne vous répond. Jusqu'aux curés qui sont Dieu seul sait où.

– Les curés ? Les voici, que leur voulez-vous ?

C'en était un. C'en était même un beau. Son accueil était si franc que l'on eût pu croire qu'il avait étalé son âme sur sa barbe.

– Mon Père, je suis un oiseau qui vient de France.

Le père à qui cela rappelait un vieil air chanta, la main tendue : « Qui vient de Fran-an-ce ! »

– Renvoyez la voiture, me dit-il, je n'ai pas besoin de ce pucier devant chez moi.

– Soyez sans crainte, la voiture n'a plus de puces, je les ai toutes attrapées. Mon Père, lui dis-je, je n'ai pas de métier, alors je fais ce que je peux. Je voyage pour les journaux.

– Vous payent-ils au moins ?

– Quand ils me voient, c'est pourquoi ils m'expédient au loin. Donc je viens ici pour Tsang-Tso-lin. Je veux voir ce bandit.

– C'est un de nos amis.

– Je le pensais bien.

– Monseigneur vous introduira chez Tsang. Le bandit n'a rien à lui refuser. Venez chez Monseigneur.

Il y avait un évêque, j'étais sauvé.

Nous entrâmes dans la maison ; Monseigneur était sur sa porte.

– Tsang-Tso-lin, monsieur, me dit Sa Grandeur... Mais voulez-vous vous asseoir ou préférez-vous marcher ?

– Si je m'assois, je ne pourrai m'empêcher de gratter mes puces, Monseigneur.

– Promenons-nous. Tsang-Tso-lin est à l'heure actuelle le maître de la Chine. Il ne règne que sur la Mandchourie, mais il terrorise jusqu'à Pékin.

– C'est le roi des brigands, interrompis-je.

– Si vous le voulez bien, nous tournerons la difficulté en disant que ce n'est pas ce que l'on fait de mieux comme saint homme. Néanmoins, les mœurs de Son Excellence se sont visiblement améliorées. Ainsi, n'exécute-t-il plus de sa propre main.

Grâce à Dieu, il a des bourreaux et vous ne manquerez pas de mesurer de l'œil le chemin parcouru par M. le maréchal Tsang quand vous saurez que, ses bourreaux, il les méprise.

– Assassinerait-il toujours ?

– Je dois avouer que mon éminent ami a conservé un goût très vif pour la décollation. On ne peut dire toutefois qu'il soit féroce mais il est rapide. D'autre part, il préfère sacrifier vingt innocents que rater un coupable. Mais quel gentil garçon. Il est païen et il me comble. Sont-ce nos barbes qui le séduisent ? Il nous aime. J'exprime un désir, aussitôt le roi s'empresse. Il n'a pas oublié que jadis, alors qu'il n'était que bandit de troisième classe, nos missions l'ont sauvé du sabre justicier. C'est un homme de cœur. Je ne lui donnerais pas l'absolution, mais il a toute mon amitié.

Là-dessus, l'évêque appela un catéchumène et lui parla en bon chinois.

– C'est pour vous. Je dis à ce futur chrétien de courir au palais de M. le maréchal Tsang-Tso-lin. Vous aurez l'audience.

– Merci, Monseigneur, je m'y rendrai avec mon revolver.

VI

CHEZ TSANG-TSO-LIN

LE LENDEMAIN, sous la protection de ma colombe de plâtre, je rêvais paisiblement aux beautés sanglantes de la Chine, quand l'hôtelier donna du poing dans ma porte.

– Si ce sont les bourreaux, criai-je à peine éveillé, qu'ils n'entrent pas. Je suis l'ami de M. l'Évêque.

L'hôtelier avait déjà livré passage. Deux messieurs chinois se trouvaient à quatre pattes devant mon lit. Ces Extrême-Orientaux se livrent sans cesse à la culture physique et, cependant, ils ont du ventre !

– Messieurs, asseyez-vous.

Ils fouillèrent la chambre et répondirent : il n'y a pas de chaises.

C'était le secrétaire particulier de M. le maréchal Tsang-Tso-lin – et vous imaginez à quel point

il était particulier. Le plus bedonnant faisait fonction de lettré-interprète.

Ils s'inclinèrent une fois encore jusqu'au carrelage et, tous les deux en même temps, l'un s'exprimant en chinois, l'autre en auvergnat, ils m'annoncèrent que leur maître illustre me donnerait audience à trois heures, cet après-midi.

– Que les mille bénédictions du président de la République française descendent sur vos crânes. Paix et félicité au très vieux Tsang-Tso-lin. À trois heures, dites-vous ? J'y serai.

Et, me tournant du côté du mur, je repris mes songes enchantés.

Deux heures et demie. Le coolie-pousse m'attend. Roule le rickshaw !

Tsang ne doit pas être d'humeur rose. Ce lundi, il fit décapiter son beau-frère, flibustier, qui osa en ses nom et place toucher dans deux villages le revenu de la gabelle. Ce mercredi, il ordonna de trancher le cou à Kan Cheou-Chang, son chef de police, qui avait berné les Japonais, en enlevant, à leur barbe et dans un cercueil, un vieux et cher bandit, sien ami, condamné par le tribunal nippon. Et ce vendredi, pour punir nous ne savons quelle coquetterie de femme, il expédia sa seconde concubine bien-aimée comme bonzesse à vie dans une bonzerie, à deux cents lis d'ici, proche de la Sibérie.

Tant pis pour la bonzesse ! Elle n'avait qu'à mieux se tenir !

Nous passons sous l'une des plus vieilles portes de Chine. C'est une cour des Miracles dont le miracle principal consiste en ceci : plus les mendiants, affaissés là comme de vieux paquets de hardes, tuent de parasites, plus ils se grattent. C'est la multiplication des poux.

Nous sommes dans la ville chinoise. Les avenues sont répugnantes et les ruelles nauséabondes. Même pour un cœur boucané, ces cités sont écœurantes. On n'ose jeter à terre le bout de sa cigarette, par pitié pour lui. Les pauvres petits canaris, aux portes des taudis, s'épouillent désespérément du bec. Chaque Chinois prenant ses narines pour une mitrailleuse, pressant sur la gâchette, mitraille l'horizon. L'ordure est reine.

L'interprète doit m'attendre à la porte. Nous roulons maintenant, le long d'un haut mur, par une impasse qui n'est autre qu'un couloir puant. Le palais de Tsang est au bout.

J'aperçois, en effet, le corps de garde, lance en main. Le coolie-pousse comprenant subitement où je l'amène tremble des bras, pose les brancards et s'apprête à fuir. Je l'agrippe. Il se remet en marche. Mais le poste n'a pas bon œil. En voyant que nous avançons, il croise la lance. Le coolie-pousse lâche tout, décampe. Quarante minutes plus tard, en sortant de l'audience, je constaterai qu'il n'est pas venu chercher son véhicule. Je ne l'ai donc pas payé. J'y ai gagné vingt cents.

Mon arrivée était guettée de la cour intérieure. Sur un ordre, les lances se relèvent. Je donne ma carte à un Chinois qui s'incline. En Chine, la carte est une chose très honorable. Elle fait partie de votre personne même. On ne conçoit pas davantage un honnête homme sans carte que, chez nous, un citoyen libre sans décoration ! Le serviteur fidèle, à deux crimes au moins, saisit cérémonieusement mon carton de ses deux mains. Il le coince aux deux coins entre pouce et index et, les coudes collés à ses flancs, grave, il me précède comme s'il portait non un bristol de dernière qualité mais, par les oreilles, la tête de saint Jean-Baptiste.

Je franchis un premier enclos. Dans une deuxième cour, sur un perron, campe une nouvelle garde, douze hommes : dix lances et deux fanions à dragon vert sur soie rouge. Les lances se redressent, les fanions saluent. Merci.

Je suis dans l'antre. L'interprète me prend. Puis, un Chinois obèse, robe de brocart, casaque de satin et la bienvenue sur la face, m'envoie trois coups d'échine par la figure. Ce doit être le grand chambellan. Son dos est encore courbé que Tsarig-Tso-lin, le tyran, brusque les préliminaires. Des mains invisibles soulèvent une tenture. Il apparaît au fond d'un salon, à gauche.

Il n'est pas plus grand que Napoléon. Sa tête est celle d'un épervier qui, depuis un mois, n'aurait pas trouvé un seul bon morceau de charogne à se mettre dans le bec. Il est inquiet, maigre, fin et,

dans son corps (j'ai toujours sur moi un appareil radiographique), je me rends compte que son âme n'est pas droite, mais de biais. Quant à son regard, j'ai bien cherché, je ne l'ai pas vu. Il n'en a peut-être pas ?

Il est vêtu de la robe et de la camisole nationales. Ses mains sont dans ses manches, comme dans un manchon, et son chef est couvert d'une calotte d'ecclésiastique catholique romain. Sur cette calotte une perle. Ah ! mesdames ! cette perle ! De quel pillage sort-elle ? S'il s'endort pendant l'audience, je la lui vole.

En sa présence, le sang de tous les serviteurs s'est figé.

Il me prie de l'honorer en m'asseyant dans son fauteuil. J'y jette un coup d'œil. Pas de poux ? Bien. L'interprète restera debout et, croyez-moi, après l'audience, il pourra parler savamment sur la gamme des chairs de poule.

Des paravents derrière les sièges remuent. Cinq gardes privés, ceux-là à trois crimes, guettent par les fentes.

– N'aie pas peur, me dit-il, on ne te fera pas de mal, tu es mon hôte.

« Et ton vieux copain Tou-li-San, pensais-je, magnifique canaille ? »

– Excellence, lui dis-je, je ne suis pas grand.

– C'est moi qui suis tout petit, répond-il.

Ainsi échangeons-nous, tels d'authentiques mandarins, les politesses nécessaires.

De sa main droite, dont l'ongle du petit doigt est long et recourbé comme une griffe de panthère, il me présente la tasse de thé vert et, de sa main gauche, il soutient sa main droite, pour que ses deux mains, de la sorte, soient à mon service.

– Voulez-vous demander à Son Excellence, dis-je à l'interprète (appeler Excellence ce vieux forban était pour moi faire un plongeon dans le ravissement), s'il est exact qu'elle compte d'ici peu déchaîner la guerre autour de Pékin ?

L'interprète qui n'avait déjà plus de salive fit son devoir.

Un sourire vernit la face de Tsang. Ses paupières se fermèrent.

Un silence plana.

– Il dort ? interrogeai-je.

L'interprète était raide comme un piquet au bout duquel une feuille aurait tremblé.

– La Chine est grande, grande, finit par murmurer le tyran.

– Votre Excellence sait-elle que le reste du monde tient la Chine pour un pays anarchique ?

L'interprète fait d'immenses efforts pour ne pas avaler sa langue ; cependant, il trouve de nouveau la force d'accomplir sa mission.

Cette fois, je crois que Tsang va ronfler. Il glisse le long de son fauteuil. Ses paupières sont définitivement closes.

Il susurre :

– La Chine est la Chine, le reste du monde est le reste du monde.

– Monsieur le Maréchal (peut-être ainsi le toucherai-je au vif), croyez-vous que la Chine soit présentement en état de perfection ?

L'interprète me supplie du regard.

– Traduisez ! dis-je.

Tsang répond :

– Les phases de la Chine sont chinoises. Nous les endurons parce que nous savons. Le reste du monde, lui, croit savoir.

« Maréchal » paraît l'avoir requinqué. J'en profite.

– Ne sentez-vous pas, monsieur le Maréchal, que pour un homme de votre espèce, qui a la force, la chance en poupe, ce serait un grand rôle que celui d'unificateur de son pays ?

L'interprète est subitement frappé de paralysie de la langue. Il me regarde, effaré.

– Allez-y, dis-je, il ne vous tranchera pas le cou sur place.

Mais le malheureux bafouille et Tsang s'endort définitivement. Vais-je lui voler sa perle ?

J'examinais les lieux quand, soudain, Tsang, se réveillant, frappa par trois fois dans ses mains. Deux Chinois costauds accoururent. Je les reconnus, c'était son chambellan et son ministre de l'Intérieur.

Face au Tout-Puissant, ils s'immobilisèrent, le cou tendu. Tsang (il m'a complètement oublié)

leur adresse ce que dans les ambassades on appelle une *rude engueulade.* Les deux colosses encaissent, échine courbée. Les paravents bougent. L'interprète se ratatine.

Tsang, calmé, reste les yeux fixés au sol comme s'il venait d'y découvrir un morceau de chair saignante.

C'était au sujet d'un ci-devant mandarin, condamné à mort avant-hier, sur l'ordre de Son Excellence, pour malversation. L'histoire lui revenant en mémoire, il avait fait comparaître ses ministres afin d'avoir des nouvelles du cadavre. Mais les ministres n'en avaient pas de fraîches...

Il me retrouve. C'est un étonnement pour lui. Il daigne s'excuser et me fait dire qu'il a parfois les nerfs malades. Mais, en compensation, il va me donner sa photographie en uniforme de gala, avec képi, plumet, grand cordon, sabre et tout le tremblement ! Il ordonne qu'on la lui apporte.

La voici. Le serviteur qui la présente est tremblant. Tsang réclame son pinceau et son gobelet de pâte d'encre. Il va me prouver qu'il sait écrire (depuis deux mois) ; alors, sur le carton, en caractères chinois, il trace lourdement :

« Tsang-Tso-lin à Monsieur Albert. »

Le satrape fera davantage. Il me prêtera son auto (c'est pour mettre son image à l'abri d'un attentat). La voiture vient se ranger contre le perron. Elle est marquée à son chiffre « T. T. L. » C'est la terrible auto jaune, blindée, mitrailleuse

sur le siège, épouvantail de la cité. À sa vue, les Chinois se précipitent dans leur maison, les rues se vident, la terreur se lève.

Les fanions me saluent. Quant à Tsang, que je cherche pour les grands adieux, il a disparu. Alors, un soldat accroché à chaque portière, un troisième au volant, un autre à la mitrailleuse, dans le tourbillon d'une sirène mugissante, je fends, tyran à mon tour, Moukden terrifiée.

VII

GALKA OU LA NOUVELLE ESCLAVE

DEPUIS trois jours une femme chantait dans la chambre voisine. Ce n'était ni une Japonaise, elle chantait sans *samisen,* ni une Chinoise, elle ne criait pas comme un chat à qui l'on arrache les poils de la queue. C'était une Blanche. Une Américaine ? Non ! Il y avait trop de soumission au destin dans l'accent. Une Anglaise ? Non plus ! Les Anglaises ne sont pas tendres, en voyage, elles n'en ont pas le temps, du moins avant l'âge de cinquante ans ! Une Française ? Ce n'était pas possible, les Françaises ne s'aventurent par-delà les grandes mers qu'avec un mari fonctionnaire, et quand on est avec un mari, surtout s'il est fonctionnaire, on ne chante pas ! C'était sûrement une Russe. Sa voix avait l'inflexion de la fatalité.

Elle chantait mais elle ne se montrait pas.

J'allai trouver le tenancier de l'auberge et lui dis : Quelle est cette créature de Dieu ?

Depuis que ledit tenancier m'avait vu revenir dans la voiture de Tsang et que les boys contemplaient contre mon mur, en tremblant, le portrait en pied, dédicacé, de l'empereur forban, j'étais maître dans la boutique. Si j'avais dit : Cabaretier, prête-moi ta femme, il m'eût amené aussi sa concubine.

Le patron m'ouvrit son registre. Je lus : *Kira Gordieff, vingt-trois ans, venant de Harbin.* D'un geste de geôlier, le Japonais me fit comprendre qu'elle était bouclée dans l'hôtel. Bien.

Le soir, à huit heures, elle entra dans la salle à manger, tête blonde et âme visiblement chavirée. Elle portait par-dessus ses souliers d'élégantes galoches fourrées. Un renard blanc caressait son cou. Elle s'assit sur la chaise comme un oiseau se pose sur une branche. Elle mangeait sans enthousiasme mais à un moment elle sourit, remarquant que je la regardais.

Il y avait dans cette salle, et qui dînaient, quatre Chinois boudinés dans une camisole bleue et ouatée ; cinq Japonais en kimono noir ; à eux les poissons crus dont les morceaux vivants sautent encore quand ils sont dans la bouche ! et deux marchands mongols : bonnets à poils sur têtes de mort. Ces deux-là dégageaient à dix pas une odeur de vieille peau de bête sur quoi il a plu et, prenant leur bol pour une auge, ils mangeaient comme des porcs balkaniques. Dehors le froid ridait les doubles vitres. Tout cela sentait la steppe désolée.

Ô madame si blonde, il n'y a vraiment que vous, au milieu de ce pays de loups, qui soyez riante comme une petite source imprévue !

Elle se leva et, lentement, quitta la salle. Dans le hall, elle prit sur la table un journal chinois et le reposa. Une carte du monde pendait au mur. Elle la regarda. Face aux cinq continents et à tous les océans verts, elle n'était, de plus en plus, qu'une gracieuse petite naufragée. Dans sa main elle tenait une orange qu'elle emportait de la salle à manger dans sa chambre. Elle enfouit son tendre museau dans la fourrure de son renard, puis, d'un pas égaré de mélancolie, elle rentra chez elle, au numéro 6. Elle ne savait pas davantage que moi, évidemment, ce que, ce soir, elle faisait dans la vie. Et moi j'étais le numéro 5.

Allons toujours fumer une cigarette sur le trottoir. Il faut que je m'habitue à l'hiver mandchourien. Je sortis pieusement mon paquet de tabac de France. C'était le dernier. Un barman des Messageries maritimes m'en avait cédé quinze, l'autre mois à Yokohama – que son nom que j'ignore soit béni ! et la manufacture française de tabac également !

Tsang-Tso-lin emprisonne les petites femmes russes dans mon hôtel ! Que veut-il en faire, ce vieux magot ? Je traversais terrain vague sur terrain vague. Tous les cent mètres, une pauvre flamme grelottait dans une lanterne. Je ne savais pas où j'allais. C'était l'une de ces nuits où l'on ressent

que le monde est trop vaste. Il y a des gens qui disent qu'il est petit. Petit ? Ils n'ont donc jamais essayé de le prendre dans leurs bras ?

Quand je passais devant une maison, je la regardais. Soudain je lus sur l'une d'elles : Banque industrielle de Chine. Je tombais en extase. Banque industrielle de Chine ! J'avais retrouvé mon parler ! Je me sentais moins orphelin. Elle a fait faillite, me dis-je, voilà qui m'est égal ! Et je répétais la phrase comme j'aurais dit le nom de ma mère. Puis je vis un train qui s'en allait. C'était le transmandchourien descendant vers la Corée... Un train ! ma seconde patrie !

Je revins à l'hôtel. Dans la capitale du roi des pirates, la Russe n'avait pas peur des voleurs. Sa porte était entrouverte. J'aperçus l'enfant au fond de sa chambre, les coudes sur une table et son petit menton dans ses mains. Je connais ces heures-là. Ce sont les heures d'attente du voyageur solitaire, les heures d'attente pendant lesquelles on n'attend rien.

Il était dix heures du soir. Elle se remit à chanter. Je sortis et, m'arrêtant devant sa porte :

– Vous pouvez chanter toute la nuit, madame, cela me fera plaisir.

Alors, me désignant une chaise près de la table où elle était toujours accoudée :

– Je vous prie, fit-elle.

– Soyez aussi bénis, ô compatriotes ignorés, qui avez appris le français aux dames russes et blondes !

Une glace était devant elle et, à sa droite, une corbeille remplie de pommes rouges du Japon.

Désignant l'une et l'autre :

– Coquette et gourmande, dit-elle.

Comme il faisait froid, elle ferma la porte.

– Écoute, me dit-elle la nuit suivante, il faut que je te raconte mon histoire. Connais-tu Lermontov ? C'est un poète russe. Lermontov a dit :

Un petit nuage doré a passé la nuit
Sur un rocher de la mer immense

Pardonne pour le rocher mais le petit nuage doré c'est moi. J'étais lasse d'être perdue depuis si longtemps. Mais tu me comprends : un Français a toujours compris une Russe. Écoute, je suis venue au monde d'une façon peu banale. Je suis née sur le Baïkal alors que ma mère, croyant arriver chez elle à temps, le traversait au mois d'avril. Ce lac est ma patrie. Mon nom est Kira, mais je me suis baptisée Galka. C'est le nom des petites pierres blanches qui parsèment les rivages du lac et, comme je considère toutes les petites pierres blanches du Baïkal comme mes sœurs, je suis Galka.

J'ai fait mes études à Irkoutsk. En 1917, j'ai passé mon baccalauréat et, pendant l'été, je me suis mariée par amour. Mais je vois que tu as froid. Tiens, dit-elle, jetant sur mes épaules un beau manteau de vison.

Deux mois plus tard, alors que j'étais dans le bonheur, je dus quitter le mari que j'aimais. Il s'en

allait à la guerre. As-tu aimé ? Je restai dix jours, la tête dans les oreillers, à sangloter comme une veuve. Je dus fuir notre maison d'Irkoutsk, chaque objet me parlant trop de mon soldat. J'étais toute petite. Seize ans ! et c'était la première fois que l'amour m'habitait. Je partis pour Krasnoïarsk. Pavlik fut blessé sur le Niémen. Il m'aimait. D'ambulance en ambulance, il chercha à gagner Krasnoïarsk. Il mourut en route. Je n'ai plus revu ses jolis yeux. Sa tombe, je crois, est à Moscou.

– Petite, tu as froid, prends le manteau.

– Garde ! moi, je suis sibérienne. Alors je partis pour les mines d'or que nous avions sur le fleuve Amour, pensant retrouver mon beau-père. Un nouveau coup m'arrêta à Tchita. Les bolcheviks avaient emprisonné le beau-père et confisqué les mines.

Sait-on dans ton pays ce que les bolcheviks ont fait chez nous ? Regarde-moi. Ne t'arrête pas au charme que je puis avoir sur le visage, va plus profond, vois le voile du malheur qui est en dessous. Voici mes mains où, jour et nuit, j'ai tant pleuré. Ah ! pauvres Russes de ma Russie !

Avec l'argent on achète tout. J'en avais. Cinq jours après, le beau-père sortait de la prison. Je te le dis, j'ai fait ainsi et c'était bien. Je suis sans regret, et cependant !... Le beau-père s'installa chez moi et força ma chambre à coucher. Me broyant dans ses longs bras où je criais d'horreur, il me disait : « Plus tu me mords, petite idole, et plus je

t'aime. » Je ne suis pas forte, il était grand. À ses pieds je m'évanouis. Il fut un affreux misérable.

À ce moment, le bolchevisme était dans tout son déchaînement et la famine minait la Sibérie. Je me nourrissais de croûte de pain d'avoine et, quand la chance me souriait, de concombres crus. Ma petite fille – j'avais oublié : six mois après la mort de Pavlik, Nadiaska naquit de moi – ma petite fille grandissait et disait déjà beaucoup de jolis mots. Soudain, elle cessa de balbutier. La faim rendait l'enfant muette. Je courais en vain la ville de Tchita pour découvrir un verre de lait. Une femme peut tout supporter excepté de voir son tout-petit mourir chaque jour de la famine. On m'arrêta un soir devant le palais de l'ataman Semenoff parce que je criais qu'il fallait au moins sauver les petits enfants.

J'en étais là, sans sou ni pain, parce qu'un incendie, un mois avant, avait dévoré le restant de ma fortune, mes robes, mes fourrures, mes bijoux et vingt mille roubles du tsar retirés à temps de la banque de Sibérie. Alors mourut la petite Nadiaska. Le malheur, vois-tu, appelle le malheur.

Veux-tu une pomme ou bien une cigarette ? Veux-tu du thé ? Entends le vent siffler dehors ! entends ! Et ce fut sur ma Sibérie une grande nuit de malédiction. Il fallait fuir. Heureuses, mes petites sœurs de Petrograd qui purent s'exiler vers l'Europe. Moi je suis d'Asie, fille d'Est. Je partis tout droit sur mon chemin. Ici, écoute ce que je vais dire.

As-tu vu des esclaves dans tes lointains voyages ? Regarde : en voici une. Femmes russes et errantes de l'Extrême-Orient, nous sommes au pouvoir des Chinois.

Elle fit le geste d'arracher de tout son corps une enveloppe qui l'aurait dégoûtée.

– Des Chinois Je suis de ta race. Je suis une petite fille blanche. Je n'ai jamais péché que la corde au cou. Enfin ! Ce qui se passe doit se passer ! Pauvres Russes ! Nous payons pour les Américains, les Anglais et pour les tiens de ton pays. Le Jaune trouve aujourd'hui un Blanc qui n'a ni consul ni ambassadeur, alors il nous palpe à son aise. Mais je vais te raconter l'histoire. Tu n'es pas mal dans ce fauteuil. Que ferais-tu, seul, dans ta chambre ? La nuit est longue et tout à l'heure on s'aimera.

Quand nous, les Russes de l'Est, chassés par la famine, nous sommes venus par Mandchouria jusqu'à Harbin, l'espoir de manger, de nous chauffer et de ne plus trembler sous la terreur poussait notre pauvre troupeau de femmes traquées, ignorantes et prêtes à croire, malgré tout, à l'existence d'une vie moins maudite. Des milliers de femmes, parties en un seul vol, s'abattirent contre les murailles de la Chine. Nous fûmes presque toutes retenues à Harbin.

« Ici, et pas plus loin », nous dirent les Chinois.

Et ils se mirent à jouer avec nous qui étions sans défense, sans défenseurs. Passions-nous dans une voiture ? Ils l'arrêtaient. « Payez ! », commandaient-

ils ! Puis ils nous chassaient et prenaient notre place. En pleine rue ils essayaient de nous toucher. Nous reculions d'effroi, n'est-ce pas ? Ils crachaient sur nos pauvres manteaux. Un soir que je rentrais, seule et bien courageuse, l'un me prit le menton, sans une parole, et, de son autre main, en ricanant, il m'outragea. À qui te plaindre ? Dis-moi ? Vous êtes notre bien, disaient les Chinois, et quand il fera moins froid nous vous ferons défiler nues si vous voulez manger du riz. Savait-on cela dans ton pays ? Femmes russes, si fières d'être femmes, ces humiliations, nous ne les soupçonnions pas !

Figure-toi – puisque nous étions des égarées, des veuves, enfin ! de vraies sinistrées – qu'il fallait vivre ! Chacun s'était enfui de son côté. On ne connaissait pas l'adresse de ses parents, et plus d'argent ! Plus un rouble ! Je ne sais ce qu'elles ont fait nos évadées, à Constantinople ou dans ton Paris. Moi, propriétaire de mines d'or sur l'Amour, je lavais la vaisselle, je jouais du piano et j'apportais l'addition aux clients importants d'un petit établissement de Harbin. En même temps, j'étais chargée d'expliquer avec hauteur que, si le total était assez considérable, chaque spécialité représentait juste le prix d'achat en ces jours où les sociétés du monde entier vacillaient sur leurs bases. Aussi j'étais dispensée de m'asseoir sur les genoux des messieurs et le patron, un gros Américain de Frisco, me protégeait contre les Chinois parce que, disait-il, il était, selon ses moyens et pour honorer

la mémoire de l'une de ses tantes, l'un des principaux bienfaiteurs de l'Armée du Salut ! Un jour – nous étions cinq jeunes malheureuses dans une *datcha* – un Chinois entra suivi d'un autre Chinois qui parlait russe. L'interprète dit : « Demain, tous vos paquets seront dans la rue et vous aussi. » On payait le logement, remarque. On ne devait rien. « À moins reprend-il – et il me montre du doigt – que celle-ci n'aille parler à mon maître. » Ah ! non ! Je ne pouvais, je te l'assure. Un grand dégoût m'avait saisie comme à la gorge et me forçait à reculer. Non ! non ! Et j'avais froid sur tout mon corps, j'avais froid comme devant un serpent.

La cinquième, qui était absente, revint à ce moment. C'était Natacha, jolie, si tu savais !

« Ou bien, fit le Chinois, désignant Natacha, si celle-là vient lui parler. » « Quoi ? », questionna Natacha. On le lui dit. C'était l'hiver glacé. Elle nous regarda toutes quatre. « J'irai parler au maître », fit-elle. « Tout de suite, commanda le Chinois, monte au premier ! » Elle monta au premier. Alors nous, on se mit à genoux et, *pendant ce temps,* on pria pour notre petite sœur Natacha.

Tu sais bien que les espionnes russes, c'est des bêtises. Ce sont les romanciers qui les inventent. C'est cependant commode pour les Chinois...

Attends ! Je vais te donner des *papirosses*. Fume-les doucement pour que les heures passent moins vite. Je t'attendais depuis si longtemps... et demain tu seras parti.

Tu me demandes pourquoi je suis enfermée dans cet hôtel ? Ô mon Français ! Comme l'on voit que tu arrives ! J'ai vingt-trois ans et c'est moi qui t'apprends des choses. Autrefois, j'étais russe. Aujourd'hui, mon pays a perdu jusqu'à son nom. On m'arrête parce que je ne suis plus rien. Pigeon voyageur, on a démoli mon colombier et le Chinois tire sur moi pour s'amuser. Je suis en route pour Shanghaï où mon frère qui était à Vladi (Vladivostok) est installé depuis deux mois. Voilà dix jours, j'ai quitté Harbin. J'arrive à Moukden. Je couche ici. Le lendemain, la police frappe à ma chambre. Je montre le passeport. On ouvre ce sac, on y trouve cent louis d'or que m'avait fait remettre le frère. Alors on me dit : « Police de guerre ! » Quelle guerre ? On me confisque mes pièces d'or. Ils ont télégraphié à Harbin, puis à Shanghaï. Pour le moment, je suis suspectée. Je suis blonde, jolie et russe, je suis l'espionne. Tu vois, j'attends.

– Enfant, lui dis-je, prends du thé, car je vois bien que tu as froid.

– Non dit-elle, cette nuit encore j'aurai chaud, tu ne t'en vas que demain soir.

VIII

LE MARCHAND DE PEAUX

JE ROULAIS dans un sale rickshaw vers la gare de Pékin. Au fait, pourquoi décampais-je ? Je fus sur le point de frapper de ma canne l'épaule du coolie et de lui crier : « Myako-Hôtel, mon vieux ! Je n'en suis pas à une nuit près ! » Mais ne faudrait-il pas s'en aller demain ? Roule, coolie ! D'ailleurs, ne sais-je pas depuis longtemps que le plus pénible est de gagner la gare.

Quand on est dans le train, le passé devient rapidement du passé.

Dans la journée, j'étais allé revoir M. l'Évêque français.

– Monseigneur, lui avais-je dit, vos Chinois ont enfermé dans mon hôtel une très jolie petite femme russe.

– De quoi alors vous plaignez-vous, mon fils ?

– Elle n'est pas très catholique, n'étant qu'orthodoxe, mais je viens la mettre sous votre protection.

Ils lui ont pris cent louis, ils l'empêchent de rejoindre son frère et je crois bien qu'ils préméditent de la violer.

– Mon fils, nous pourrons peut-être lui faire rendre son bien et revoir son parent. Quant au reste, je préfère avouer que je n'en réponds point. Est-elle robuste ?

– Elle a ses ongles.

– Cela vaut mieux que mon appui. En Chine, mon fils, surtout dans les périodes troublées, les femmes...

– Merci, m'avait dit tout à l'heure la petite Sibérienne, merci d'avoir parlé de moi à ton grand pope. Maintenant, bonne chance pour toute ta vie.., et va-t'en sans te retourner.

Il était huit heures du soir. La ville mandchoue ne resplendissait guère sous ses lanternes. Et le pauvre coolie travaillait dur pour retirer son rickshaw des ornières. Cette nuit, il fera terriblement froid et je n'aurai plus de manteau de vison !...

Quand j'arrivai à la baraque qui servait de gare à cette ligne-là, un Européen en fureur frappait du pied contre le guichet fermé.

– Bonsoir ! fit l'homme.

– Bonsoir !

– Vous n'êtes pas Français d'ici ?

– Et vous ?

– Moi, c'est autre chose, je ne suis qu'une vieille bête. Vous n'êtes pas là pour les fourrures, au moins ?

– Pas pour les fourrures.

– Tant mieux ! Il n'y a déjà plus assez d'animaux pour moi ; si l'on était deux sur la ligne, ce serait du propre. Et puis, compatriote, ce n'est pas un métier. Je suis acheteur de peaux. À force d'acheter des peaux, j'y laisserai la mienne. Voulez-vous des bonbons de goudron ? Il faut sucer des goudrons dans ce pays-là. Vous étiez au Myako-Hôtel ? Je vous ai vu entrer. Ce n'est pas vous que je suivais, c'est l'odeur de votre tabac. Vous en avez encore ? Non ! Tant pis ! Si j'avais su, je vous aurais abordé hier. Mais prenez un goudron.

Le guichetier montra le nez. Le marchand de peaux se mit à l'insulter avec un accent bourguignon. « Vieille casaque, lui disait-il, calotte à poux, fourneau à opium, tu t'en moques que je récolte des bronchites dans ta gare à punaises. Tiens ! voilà mon argent, donne-moi ton carton. Donne aussi un carton au compatriote. Où allez-vous ? Il va à Pékin. Tu as compris, il te dit qu'il va à Pékin. Moi, donne-m'en jusqu'à Young-ping-fou, je suis plus modeste. Moins on en prend de ton chemin de fer et mieux cela vaut, bouddha manqué ! »

– Ils m'insultent en chinois depuis dix-sept ans et je ne comprends pas ce qu'ils me disent, alors je leur rends la pareille et nous sommes quittes. Avez-vous des malles ? Non ! C'est bien, les Chinois ne se nourrissent pas seulement de riz, mais du contenu des malles. Venez par ici. Nous allons

monter ensemble, ainsi pourrons-nous dormir tour à tour. Vous veillerez sur moi deux heures, puis vous me réveillerez. Ensuite, j'assurerai la faction. De cette façon nous arriverons peut-être avec notre portefeuille. Prenez un goudron.

– Quand il fait nuit, en Chine, c'est pour de bon ! fis-je.

– Vous cherchez les becs de gaz ? Les becs sont là, mais le gaz est encore en Belgique. C'est une compagnie de Bruxelles qui assure l'éclairage en Mandchourie. Il lui faut du temps, à ce gaz, pour arriver ! Il ne sera pas encore ici ce soir. Suivez-moi et, si je tombe, arrêtez-vous. Avez-vous des œufs ? Que mangerez-vous jusqu'à Pékin ? Tous mes goudrons vont y passer. Venez par ici.

On s'installa. Le peaussier explora le train, et revint.

– Nous sommes neuf en tout. Bonne affaire !

Les bandits n'en auraient pas pour leur argent. Ils laisseront passer le convoi. D'autant que vous n'avez pas l'air d'un nabab. Que vendez-vous ? Vous êtes dans les douanes ?

Je me levai pour l'assommer.

– Excusez ! Mais j'aime mieux cela. Avant d'expirer, j'espère « descendre » un douanier. Vous avez la même ambition ? Topez !

Le train partit.

– Et il arrivera ! Le squelette est encore bon dans ce pays, c'est la peau qui craque de tous les côtés. Je ne parle pas des peaux que j'achète !...

Enfin, vous me comprenez. La chair se décompose et les os restent pleins de moelle. Ils vont encore se cogner avant huit jours, vous savez. Vous ne connaissez pas Tsang-Tso-lin ? C'est Moloch ! Vous pressez sur son nombril, aussitôt l'homme crache du feu. Vous lui pincez la fesse, il avale les petits enfants ! Eh bien ! la Chine c'est lui. Et ils ont un délégué en redingote à la Société des Nations, ces frères-là ! On m'assure même qu'il en est le vice-président ! Il parle à Genève au nom du droit international !

Le marchand appliqua ses deux mains sur son ventre et se tortilla sous une folle gaieté.

– Tenez ! prenez un goudron, c'est toute ma réponse !

Il me donna aussi des œufs, puis il m'examina. Il vit que mes chaussettes étaient de fil. Il me fit une scène épouvantable.

– De fil ! Vous ne connaissez donc pas la géographie ? Si vous ne retirez pas immédiatement ces chaussettes, je tire la sonnette d'alarme. Voici des chaussettes. Prenez, elles sont à vous. Passez-les ! Vous trouvez sans doute que je n'ai pas suffisamment froid. Je grelotte pour deux en vous voyant. Voilà des chaussettes de Mongolie, compatriote ! Avec cela... et des goudrons...

Il revenait de Mongolie, il n'était pas content.

– Mauvais marché ! L'anarchie a gagné jusqu'aux bêtes. On ne sait plus où les trouver. Jadis, elles habitaient sagement une même région ; elles

déménagent, aujourd'hui. Où vont-elles ? On n'en sait rien. Tsang-Tso-lin a tout chambardé. On ne trouve plus que du sale mouflon. Je sais bien qu'à Paris on baptisera cela d'un nom aristocratique. Quand je reçois les catalogues, je passe toujours une joyeuse soirée. Ils inventent des noms d'animaux pour vendre la marchandise, ces coquins-là ! C'est à croire qu'ils s'approvisionnent au Jardin d'acclimatation ! Enfin ! pour les marchandes de victuailles qui aujourd'hui achètent nos manteaux, c'est encore trop beau. Du rat d'égout ! Voilà ce que l'on devrait leur vendre à ces taupes-là ! Dites donc, rentrez-vous à Paris bientôt ?

– Oui, dans un an.

– Ce sera avant moi. Faites-moi un plaisir. Voici ma carte : « Bétillon, de la maison Noël Réveillon. » Quand vous débarquerez, vous irez voir M. Morin, Paul Morin, c'est mon patron. Vous le trouverez bien habillé, bien peigné et les pieds devant son coffre-fort. Écrivez le nom. Vous lui demanderez : « Est-ce bien à M. Paul Morin que j'ai l'honneur de parler ? » Il vous répondra : « À lui-même. – C'est de la part de Bétillon, votre acheteur, direz-vous. Je l'ai rencontré à son retour de Mongolie, en route pour Hanké-ou et le reste. Il avait reçu votre honorée lettre du 12 décembre. » Il fera : « Ah ! oui ! parfaitement, asseyez-vous, je vous prie. » Alors, quand vous serez assis vous lui direz : « M. Bétillon m'a chargé de vous dire que vous n'étiez qu'un âne. » Et vous vous en irez. Il paraît

que je ne me donne pas suffisamment de mal, que mes derniers envois ne valent pas ceux de l'année dernière. Il a trouvé tout ça, M. Paul Morin, au premier étage de sa belle maison, rue de Rivoli. Les bêtes de 1924 n'ont pas le poil aussi luisant que celles de 1923. Dans un post-scriptum, j'ai même cru comprendre qu'il m'accusait de me cacher dans les forêts, de guetter les femelles enceintes et de les effrayer en me dressant devant elles afin que le poil de leurs petits n'ait pas une grosse valeur marchande. Tout ce qu'il fait, lui, c'est d'aller chasser le faisan dans le département du Loiret. Eh bien ! qu'il confectionne des boas avec les plumes de ses faisans, mais n... de D... je n'en dis pas plus long. Je vois que vous savez ce que c'est. Prenez un goudron.

Il faisait si froid qu'on se tapa mutuellement dans le dos.

– Repassez-moi ma carte. Je vais mettre un mot dessus. Quand vous aurez besoin d'un manteau pour une petite dame, on vous fera des prix d'ami. Pourquoi voyagez-vous ? Pour faire votre fortune ou pour la manger ? Si c'est pour la manger vous pourriez trouver un pays plus excitant ; si c'est pour la faire, macache ! Au revoir ! Je vais dormir le premier !

Il déménagea à sept heures du matin. Le nom de la gare où il descendit n'était même pas en caractères européens. Sac au dos, il s'en alla par un sale petit matin glacé.

Je croyais qu'il avait déjà disparu mais il frappa à la vitre avec son bâton.

– Paul Morin, vous avez bien compris ? Si mes peaux ne lui plaisent pas, qu'il fasse tanner la sienne. Surtout dites-lui de ma part qu'il est un âne. C'est mon patron... Adieu !

IX

UNE JOURNÉE ASSEZ CURIEUSE À PÉKIN

MA JOIE est sans mélange. J'ai trouvé mon Eldorado. Il est des hommes cupides qui s'en vont par le monde pour épouser des mines d'or ; d'autres, aimant la lumière, pourchassent les puits de pétrole ; des troisièmes, une lanterne entre les deux yeux, attendent, vibrants, des nuit entières, aux lisières émouvantes des jungles, un rendez-vous secret avec le tigre noctambule. Moi, votre petit serviteur, je cherchais le pays sans maître, la ville chimérique de l'anarchie totale. Dieu m'a comblé. Je la tiens. C'est Pékin !

Qui veut s'offrir le temple du Ciel dont les tuiles sont si bleues que les anges s'y trompent et, croyant regagner leur demeure, passent la nuit sur ses toits ? Qui veut acheter le Palais d'Été ? Qui rêve de démolir vingt mètres de la muraille pour se construire une bicoque avec ces pierres sacrées ? C'est à vendre. La plus échevelée foire d'empoigne

des temps anciens et modernes est ouverte. Amateurs d'antiquités, d'enclos nationaux, de manuscrits catalogués, Rockefeller et tous les autres « rocs » du Pactole, accourez ! Voulez-vous les tombeaux des empereurs Ming ? Je vous les vends. Je vous signe même, sur facture, la permission de débarquer, vingt jours après, à San Francisco. À Rothschild j'offre le temple des Lamas. C'est tout le Tibet. Je lui fais même un lot : je lui vends les lamas du même coup. C'est une affaire. Ces bonzes mangent peu. Que M. le Baron me télégraphie si cela lui chante. Dans quarante-six jours il a le monument, les prêtres, la crasse et les statues impudiques, franco Marseille.

Qui désire l'autel du sacrifice en marbre blanc où les empereurs vêtus de bleu, à trois heures du matin, la seconde nuit de pleine lune, face au ciel, venaient, de leurs mains transparentes, égorger la bêlante victime ? C'est un beau morceau. Il doit peser lourd, mais on s'arrangera. Les Messageries maritimes feront trente pour cent de réduction pour le transport, je le prends sur moi. L'autel pourrait servir, par exemple, à exhiber deux mille danseuses internationales. Je propose cet achat à MM. Volterra. Je suis rond en affaires : un million de dollars (le port en sus), c'est pour rien. Enlevez le colis !...

Entre les murailles de Pékin, l'anarchie déferle. Mais c'est une bonne fille d'anarchie. De petits coups de sabre de temps en temps, pas de terreur.

Des sourires, voire des éclats de rire ! Je n'ai jamais tant ri que depuis que je suis pékinois. Je me réveille pour rire ; à table, je m'étrangle parce que je ris ; et, le soir, on a une peine inouïe à s'endormir, tant on rit toujours ! Il y a du haschish dans l'air.

Tenez, nous allons vivre ensemble cette journée.

Huit heures du matin, le boy pénètre dans ma chambre. Je préférerais évidemment que ce fût le premier prix de beauté du concours du *Journal* ; mais c'est le boy ! Immédiatement, il me crie : « Tout va bien ! » Cela signifie que ni Tsang-Tso-lin, mon vieux copain, ni Wou-Pé-Fou, ni aucun autre des vingt pirates armés n'est entré de nuit dans la capitale du Nord ; en un mot, que l'ordre règne.

– Bon ! lui dis-je, continue de ne pas t'en faire et passe-moi le *Journal de Pékin.*

Et je lis : « Hier après-midi, les professeurs des universités, écœurés de ne plus être payés depuis sept mois, ont gagné le ministère de l'Instruction publique et se sont emparés de la grande antichambre. Ils y ont passé la nuit, déclarant qu'ils ne partiraient que dollars en poche. Les professeurs dames avaient imité leur exemple, elles ont pris d'assaut le propre salon du ministre par intérim où elles ont également passé la nuit.

« Les professeurs refusant de se retirer, le ministre a décidé de les nourrir. Des cuisiniers supplémentaires furent engagés et cinquante tables dressées, vingt-cinq pour les hommes, vingt-cinq pour les femmes. »

– Boy ! mes souliers, mon chapeau, ma canne, je vais aller voir ce ministre.

Je saute dans un rickshaw, j'arrive. Il sortait.

– Dommage ! fis-je.

– Montez avec moi.

Il allait à la présidence du Conseil remettre sa démission.

– Mais, dis-je, le président du Conseil n'est pas là. Il est en congé depuis quatre-vingt-trois jours, à Tientsin.

– Je trouverai peut-être quelqu'un, fait-il. On ne sait jamais.

Nous arrivons. Une frise de dragons arrogants rehaussait la demeure du « Premier » à la hauteur du rez-de-chaussée et deux lions chinois de joviale humeur, assis chacun sur une fesse, grimaçant et en bronze, faisaient les honneurs de la porte. Le ministre par intérim demande le remplaçant du président. On ne l'a jamais vu. Il demande l'intermédiaire du remplaçant. On ne l'a pas vu davantage. Alors, dans un moment de décision, il remet sa démission au portier.

Il y eut alors grande palabre entre le ministre et le portier.

– Que vous disait-il ?

– Lui ? Il me conseillait de conserver le pouvoir.

Que l'on me tranche la main, les quatre doigts et le pouce, si ce que j'écris n'est pas authentique.

Dix heures. Repassons par l'hôtel. Dans le hall, je me heurte à une délégation. Ce sont des fonc-

tionnaires du ministère des Finances. Ce ministère possédant, dans une banque, un dépôt de garantie de quarante mille dollars, les fonctionnaires pensèrent qu'un dépôt de garantie ne pouvait être mieux employé qu'à les garantir de la faim. Légalement, ils établirent un chèque que le gérant des deniers publics, lui-même à la dernière extrémité, contresigna sur-le-champ.

Hélas ! le chèque était bon mais la banque n'avait plus le sou ! Alors, ces messieurs venaient à l'hôtel où logeait l'un des pontes de l'établissement défaillant. Ils venaient lui faire de la musique.

Mais le ponte avait l'oreille fine. Aux premières mesures, filant par la boutique du coiffeur, il bondit dans un rickshaw.

Les affamés veillaient. Ils virent s'enfuir le banquier, alors, chèque haut, bondissant eux aussi dans des rickshaws, criant comme des putois à qui l'on prend leur peau pour en faire une fourrure, ils lui donnèrent la chasse. Malheureusement, le vent jaune qui soufflait enveloppa bientôt l'équipe. Et le reste de l'histoire se perdit dans la poussière.

Sortons. Contre la muraille à meurtrières qui cuirasse le quartier des légations, deux personnes rient. Depuis que je suis à Pékin, je ne veux plus que l'on rie sans moi. Ils lisent une affiche imprimée en français, en anglais, en chinois :

« Avis (je transcris textuellement). – Le ministre des Communications annonce à tous que les

biens des chemins de fer, tels que : bâtiments, rails, wagons, bateaux et matériaux divers, y compris les bons du Trésor, constituent, si peu qu'il en reste, la propriété de l'État. Après avoir ordonné aux diverses administrations des chemins de fer de ne plus les vendre, ni de s'en servir comme garantie pour des emprunts personnels, le ministre se fait un devoir de déclarer par le présent avis que si une administration chinoise, à l'intérieur du pays ou à l'étranger, vend les biens sus-mentionnés, l'opération ne sera pas reconnue par ce dernier qui se réserve d'agir en des temps meilleurs. »

Maintenant, prenons un rickshaw et dirigeons-nous vers Chien-Men, la porte de Devant. Un ancien ministre exilé, mais qui s'est administré lui-même l'amnistie, veut me faire déjeuner. Je suppose qu'il doit se cacher. En sa compagnie, voilà six mois, j'ai fait la traversée. Il me disait alors n'être pas excessivement fier de sa décision.

– Je serai forcé de prendre des précautions, répétait-il.

Nous y voici. C'est bien lui. Il ressemble un peu plus à un petit bonhomme d'ivoire. Ayant retrouvé de la bonne vieille drogue de derrière les fagots, il doit fumer quelques pipes de trop. Mais ce n'est pas mon affaire.

Il a d'autres hôtes, il me présente à l'un d'eux :

– Le chef de la police !

– Quoi ? Vous vouliez vous cacher et vous invitez le chef de la police à déjeuner ?

– Je n'ai pas peur de lui. Il est le chef de la police, mais il n'a plus de police.

– C'est vrai, me dit l'éminent fonctionnaire. J'ai des milliers d'hommes sous mes ordres, mais je ne sais pas depuis quelque temps à qui ils obéissent ; en tout cas, ce n'est pas à moi.

– Mais, dis-je, on en voit beaucoup dans les rues...

– Hélas ! monsieur, on n'en voit que trop. Je ne puis plus mettre le nez dehors. Dès qu'ils m'aperçoivent, ils me sautent dessus et me demandent de les payer.

– Voilà ! fit mon ancien compagnon de grande mer, voilà le chef de la police ! Chaque fois qu'il voit poindre un de ses agents, il se sauve comme un voleur. Vous voyez qu'il ne peut me faire du mal...

Magnifique Pékin. Fleur grandiose de l'Asie, tu n'es pas que l'objet de ma gaieté, mais l'éblouissement de mes yeux ; aussi vais-je me promener, à la fin du jour, sur le mont du Paysage illimité que l'on appelle aussi la montagne de Charbon. C'est de cette façon que nous allons rencontrer M. le ministre de France.

– Excellence, lui dis-je, êtes-vous archéologue ? J'ai vu que vous opériez des fouilles dans votre jardin.

– Des fouilles ?

– En cachette, encore. Vos boys creusent, mais dès qu'ils entendent un pas, ils s'arrêtent.

M. le ministre de France comprit que je ne connaissais rien à la vie pékinoise.

– Ils ne font pas des fouilles, dit-il. Au contraire, ils enfouissent des trésors.

– Vous avez des trésors ?

– Vous êtes bête, fit-il. Ce ne sont pas des trésors à moi, mais à eux, à leurs père et mère, à leurs amis. Ils craignent des troubles, ils cachent leurs biens. On creuse ainsi dans toutes les légations à cette heure. C'est fort intéressant à observer. C'est le meilleur baromètre pour juger la situation politique. Ils enterrent : ça ne va pas. Ils déterrent : ça va ! La diplomatie, voyez-vous, est un grand art des nuances...

La journée n'est pas terminée. Heureusement parce que nous n'avons pas encore rencontré le général Gaute. Et quand je passe un jour sans voir le général Gaute, ma rate, devenue exigeante, est toute morose. Gaute est un caporal suédois qui est général chinois. Il vint de sa Scandinavie, voilà peu d'années, dans le bon Empire du Milieu, comme vendeur de poils de cochons surfins. Il avait pensé qu'une aussi délicate marchandise serait recherchée des mandarins pour des usages que lui-même n'entrevoyait pas encore très bien. N'ayant pas fait fortune, il se fit général. Depuis, ça va.

Le voilà qui passe.

– Mon général, vous allez d'un rude pas ce soir !

– Oui, je cours régler cette histoire d'hier. Vous savez, ces soldats qui assassinèrent leur colonel parce qu'il ne les payait pas. Venez avec moi.

– Ah ! non ! Je n'aime pas ces séances. Vous allez les fusiller au moins ?

– Les fusiller ? Êtes-vous fou ? Je vais leur donner un acompte pour qu'ils ne saignent pas cette nuit le seul colonel qui reste…

X

OÙ IL FAUT HUIT DÉMARCHES POUR Y VOIR CLAIR

QUE L'ON ME RÉVEILLE ! Que l'on me fasse passer par les baguettes s'il le faut, mais je veux être rappelé à la réalité. Je dois dormir encore.

Voilà ce que je lis, ce matin, dans *La Politique de Pékin* :

« Un décret impérial, daté du 15 mars dernier, a promu Young Yuan au rang de mandarin de première classe faisant fonction de garde impérial auprès de Sa Majesté Hsien-Toung. Le même décret lui accorde le privilège de monter à cheval dans la Cité interdite. C'est que notre jeune empereur (dix-sept ans) vient de se fiancer avec la fille de Young Yuan. La fiancée est âgée de dix-neuf ans. Elle est, dit-on, assez jolie.

« À côté de l'impératrice, une concubine vient d'être également choisie pour le jeune fils du Ciel.

Celle-ci est fille de Tuan-Koung, mandarin de cinquième classe. Elle a seize ans. »

Je m'arrêtai. Qui m'avait dit que la Chine était une république ? Quel est le plaisantin qui s'est ainsi offert ma naïve figure ?

Mais il y avait encore un paragraphe :

« La jeune femme est arrivée vendredi matin, à dix heures trente, de Tientsin. Les honneurs lui ont été rendus : musique et garde. Elle est montée en automobile et, précédée de plusieurs rangs de cyclistes, a gagné immédiatement le palais. Hauts dignitaires, envoyés de Sa Majesté, parents, suivaient dans neuf automobiles. La future concubine est attendue prochainement. »

Mon chapeau ! toujours mon chapeau gris, ma canne et mon manteau ! J'ai soif de lumière. Il faut que je sache sous quel régime vit la Chine.

Mais voici le boy de l'ascenseur. Ce n'est qu'un boy, néanmoins c'est un Chinois. Il va pouvoir m'éclairer.

– Boy ? La Chine, est-ce une république ou un empire ?

Mais il tire la corde de son ascenseur et ma question ne l'atteint pas.

– Ce n'est pas pour te « charrier », mon vieux, réponds-moi, ce sera gentil de ta part.

Voici un dollar.

– Mais je ne sais pas, sir, fait-il obligeamment.

C'est bien cela. Il ne sait pas ! On ne sait pas ! Moi non plus, c'est évident, je ne sais pas !

Je suis déjà dans le hall. Qui peut me renseigner ? Sont-ce ces Américains touristes qui ont encore le jambon de leur breakfast sur les joues ?

– Pardon dis-je, en m'approchant d'eux, la Chine, est-ce une république ou un empire ?

D'un regard d'homme bien nourri, ils me chassent de leur rayon comme un fou famélique.

Je sors et me rends à la poste. Le fonctionnaire chinois est derrière sa petite grille. J'apprivoise l'homme, lui achète des timbres, lui demande si les courriers fonctionnent à sa satisfaction, etc.

– Dites, mon ami, pourriez-vous me donner un renseignement ? En Chine, avez-vous un président de République ou un empereur ?

– Nous avons les deux, répond-il.

Je prends la porte et me plante contre un arbre. Je vais réfléchir un moment.

Voyons ? Hier, j'ai vu un monsieur. Je l'ai touché. Il avait un mètre quatre-vingt-cinq de taille. Il m'a dit qu'il était le chef de l'État, le seul. Deux heures après, il m'a envoyé sa photographie. Ai-je des visions ?

Mais on me frappe sur l'épaule. Je sursaute. C'est un Chinois, noble connaissance de Moukden.

– Êtes-vous malade ? me demande-t-il en me voyant contre l'arbre.

– Non, dis-je, je suis perplexe. Au fait, quel est le chef d'État chez vous ?

– Cela dépend comment vous l'entendez.

– Clairement ! fis-je, voilà comme je l'entends.

– Eh bien ! clairement, le chef de l'État est le président de la République, mais il y a aussi l'empereur, *bien entendu,* et, pour moi, le maître est Tsang-Tso-lin.

– Adieu, fis-je.

Je file vers le quartier des légations. Là, on doit savoir. Le premier diplomate que je rencontre, je l'accroche.

Il en venait un justement, ayant une raquette sous le bras. C'était un secrétaire de « la Belgique ».

« Voilà bien la diplomatie, pensais-je, elle va jouer au tennis alors qu'elle ne sait peut-être pas plus que moi quel est le chef d'État. »

– Le chef d'État ? réfléchit mon aimable ami, se grattant les favoris à la hauteur du lobe.

« La Belgique » appela à son secours « le Danemark », qui soutenait une seconde raquette.

– Voyons ? firent-ils ensemble.

Puis ils firent signe à « l'Italie » qui portait une troisième raquette.

« Les raquettes de Pékin ont de curieuses habitudes, songeais-je, il faut les promener, matin et soir, comme les petits chiens. »

Mais les trois Talleyrand, ayant tenu conseil, me déclarèrent :

– C'est vraiment difficile à préciser.

– Merci !

Le mieux est de se rendre au journal qui a donné la nouvelle. Laissons passer d'abord cette caravane de chameaux. En voilà des animaux qui sont

heureux, ils ne font pas un pas plus vite que l'autre. On voit bien qu'ils n'ont pas lu *La Politique de Pékin*, ce matin. Mais tout le monde ne peut pas être chameau !

– Bonjour ! monsieur Monestier.

– Bonjour ! Vous avez l'air soucieux...

– Oui, vous avez publié aujourd'hui...

Je lui montre la chose.

– Parfaitement.

– C'est une blague ?

– Pas du tout.

– Alors, la Chine n'est pas une république ?

– Si fait.

– Mais l'empereur ?

– C'est l'empereur de la République de Chine.

– Cette République a un président.

– C'est donc, si vous préférez, l'empereur du président de la République de Chine.

– Ne jouez pas avec moi, Monestier, je ne puis être venu en Chine et la quitter sans savoir si la Chine est une république ou un empire.

– Depuis combien de temps êtes-vous ici ?

– Depuis quarante jours.

– Eh ! fit-il, moi j'y suis depuis dix-sept ans et je ne le sais pas encore !

– Depuis dix-sept ans, vous dirigez un journal qui s'appelle *La Politique de Pékin* et...

– Ma parole !

– Vous vous moquez de moi. Monestier, ce n'est pas bien. Adieu.

Je partis droit chez son concurrent. Voilà comme je suis ! Je rends, sur-le-champ, les offenses que l'on m'inflige. Son concurrent est M. Albert (beau prénom), Albert Nachbaur, du *Journal de Pékin*. Il logeait naturellement, comme chacun, dans un *houtong*, c'est-à-dire une ruelle. Mais c'est ici fort bien porté.

Nachbaur, en bras de chemise, chantait :

Un vrai dîner chinois
C'est un festin de rois
Tous les vins, tous les mets
Tous les meilleurs fumets.
Mais c'est loin de valoir
Une entrecôte aux pommes
Mais c'est loin de valoir
Une raie au beurr' noir !

– Vous êtes gai, vous. On voit que vous n'avez pas de soucis. Qu'est-ce que cela peut vous faire, en effet, que la Chine soit une république ou un empire ?

– Moi, dit-il, je m'en f...

– Nachbaur ! accordez-moi une minute.

Mais c'est loin de valoir
Une raie au beurr' noir !...

– Dites, mon vieux, je voudrais vous parler sérieusement.

– Vous êtes venu en Chine pour parler sérieusement ?

– L'empereur ?

– Eh bien ! c'est l'empereur.

– Et le président de la République ?

– C'est le président de la République.

– Mais l'empereur sait-il, alors, qu'il n'est plus entièrement empereur ?

– Non !

– Mais, qui lui donne de l'argent ?

– La République.

– Alors, il sait qu'il y a une République ?

– Mais non ! Il croit que c'est une institution comme le ministère des Finances, par exemple.

– Mais quels sont leurs rapports ? Qu'échangent-ils ?...

– Ils échangent des cadeaux.

– Bon ! Mais quels sont, respectivement, leurs rôles ? L'empereur, que fait-il ?

– Il élève des canards.

– Et le président de la République ?

– Il les mange.

– Nachbaur, mon vieux, vous savez que je ne suis pas venu en Chine pour rigoler.

– En voilà encore un qui n'est pas venu en Chine pour rigoler. Vous êtes peut-être, ici, vous aussi, pour découvrir le citoyen chinois ? Si vous ne voulez pas rigoler, c'est votre droit, mais laissez-moi rire. Depuis plus d'un mois, vous êtes là, vous martyrisant ce qui vous sert de cerveau. Vous voulez comprendre *ce qui se passe en Chine.* Au cinéma, quand c'est l'heure du film comique, prenez-vous

votre noble front dans vos nobles mains comme un penseur ? Vous dilatez votre rate et non vos méninges. La Chine, c'est Charlot ! C'est le Charlie Chaplin du vaste écran politique. Rions, vieux compatriote ! La Russie, c'est le drame ; la Chine, c'est la farce !

– Et vous, vous êtes un farceur. Adieu !

Je bondis dans un rickshaw et me fis conduire chez le Bouddha vivant.

Le Bouddha vivant est un personnage dans le genre de Pie XI, mais pour la religion lamaïque seulement. C'était, en principe, une haute conscience. De plus, son esprit sanctifié offrait toutes garanties de gravité.

À mon arrivée, le Bouddha vivant était en prières, au fond de la quatrième cour.

Autour du saint, une trentaine de bœufs, de cerfs, de rhinocéros et de démons terrifiants dansaient le *Put ch'a.*

D'abord un peu étonné, je compris assez rapidement que ces animaux valseurs, n'ayant que deux pattes, n'étaient autres que des bonzes tibétains coiffés d'une tête en carton.

C'était la prière pour reconduire les esprits malfaisants.

Néanmoins, je demeurai.

Cette bamboula dura dix minutes.

Alors deux lamas eunuques apparurent, portant sur leurs épaules quelque chose comme un bonhomme de neige. C'était la statue du diable.

La bamboula recommença.

Ceux qui représentaient les rhinocéros bramaient comme des cerfs, quand repoussent leurs bois. Les cerfs glapissaient comme un chacal affamé. Les bœufs piaillaient comme des moineaux insouciants. Quant aux démons, ils avaient la voix des anges.

Et toute la séquelle, suivant la statue du diable, passa dans une cinquième cour – processionnellement.

Un tas d'herbes sèches y était préparé. Les eunuques jetèrent le diable dessus. Un silence plana.

À cet instant, le Bouddha vivant s'avança vers le bûcher. Là, il fouilla parmi ses innombrables robes et finit par en extraire une boîte d'allumettes japonaises. Il rata la première et rata la seconde. Le silence planait toujours. À la troisième il lâcha un juron tibétain. Mais il réussit à la quatrième. Se baissant, il mit le feu aux herbes. Ce fut un signal : les bonzes tirèrent des pétards. Le diable, en brûlant, dégageait une odeur de boulangerie : il était en farine.

La cérémonie était terminée.

Je m'approchai du Bouddha vivant :

– Grand Saint ! fis-je, d'abord daigne bénir l'incroyant que je suis, ensuite, ô puits de tout savoir, condescends à m'apprendre qui dirige aujourd'hui la Chine ?

– C'est Padma Gambhava, né du Lotus, l'éternel génie vivifiant.

– À part lui, Grand Saint, est-ce Sa Majesté l'Empereur ou Sa Roture le Président de la République ?

– À part lui, répondit le Saint...

Et j'allais enfin comprendre la question chinoise.

– À part lui, qu'importe ?

XI

MONSIEUR POU

VOULEZ-VOUS entrer, oui ou non ?

Depuis un moment, un doigt timide frappait à la porte de ma chambre 518.

J'avais d'abord fait gentiment : « Entrez ! »

Puis j'avais crié : « Entrez ! »

Maintenant, je disais : « Oui ou non ? »

Alors la porte joua et je vis rouler jusqu'à ma table quelque chose qui, tout d'abord, me parut être l'un de ces ballons gigantesques que parfois les clowns poussent sur la piste pour s'amuser. Mais je me trompais : c'était un homme.

Le torse boudiné dans une camisole bleue, les jambes – du moins les deux courts poteaux lui servant de jambes – cachées sous une jupe brève et noire, ce curieux spécimen d'humanité pouvait mesurer un mètre quarante de haut sur un mètre quarante-deux de circonférence. Il s'avançait

comme une bonbonne lancée sur le parquet à la manière d'une toupie. Quant à son visage, il était exactement celui que les Lyonnais ont donné à Gnafron.

Au temps fabuleux de mon enfance, Gnafron était déjà mon grand ami. J'aimais sa trogne. Plus tard, j'avais compris que, s'il buvait, c'est qu'il avait sans doute ses raisons. Mais je ne lui avais encore jamais serré la main. Aujourd'hui, Gnafron, descendant de son guignol, venait à moi. La rencontre de cette vieille connaissance sur cette terre d'Extrême-Orient m'émut profondément.

– Asseyez-vous, Gnafron !

– Pourquoi, monsieur, m'appelez-vous Gnafron ?

– C'est, dis-je, que vous ressemblez étrangement à l'un de mes amis, qui était parmi les meilleurs. Il s'appelait Gnafron. Et cela m'est doux, loin de ma patrie, de rapprocher le présent du passé.

– Je comprends, fit-il, et vous me voyez fort heureux de cette ressemblance. Mon nom, toutefois, est M. Pou. Je suis le lettré chinois que Son Excellence, M. le ministre de la grande France, a choisi de sa propre main, comme interprète à votre usage.

– Les ministres de France, monsieur Pou, sont de curieux inspirés et, n'était le salut que je dois à votre savoir, je dirais qu'ils n'en font jamais d'autres ! Mais respect à son choix ! Je sens tout le secours que vous apporterez à mon ingrate mission. Grâce à vous, mes journées chinoises

qui, cependant, ne manquaient pas de rondeur, prendront une tournure qui déjà m'enchante. Que pensez-vous de la situation ? De Tsang-Tso-lin ? De Wou-Pé-Fou et de tous les autres fous ?

– Monsieur, dit-il, je pense que j'habite derrière Hata-Men, en pleine ville tartare. Les troupes y passeront. Que ce soient celles de Tsang ou celles de Wou, le résultat, pour moi, sera probablement le même. Que m'importe que l'on viole mon épouse, elle ne m'a pas donné d'enfant et mes yeux ne l'aiment plus, mais grand est mon souci à l'égard de ma concubine.

– Notre sort, monsieur Pou, désormais, n'est-il point lié ? Amenez ici votre concubine, au moment où vous sentirez qu'elle est sur le point de perdre son honneur. Je m'en chargerai.

– Merci. C'est bien là, monsieur, où, doucement, je voulais en venir. Dans les tragiques journées qui se préparent, les Chinois auront besoin d'amis. Mais vous habitez l'hôtel de Pékin. C'est le plus beau. Cependant, déménagez. L'hôtel de Pékin, où est-il ? En plein vent ! Les coupeurs de têtes s'y engouffreront à volonté. Il vous faut porter vos bagages à l'hôtel des Wagons-Lits. Il est dans le quartier des légations. Une muraille le protège. Et surtout il jouit de l'extra-territorialité.

– Gnafron ! voyez-vous, je reconnais bien là le Chinois que vous êtes. Vous ne cessez, quand tout va bien, de réclamer l'abolition des privilèges européens ; qu'une tempête s'élève, aussitôt vous

accourez à l'abri de nos baïonnettes. Mais cela est bien. En attendant, causons.

– Agissons ! monsieur, nous causerons après.

Et déjà, M. Pou ouvrait ma vieille valise en peau de cochon, y précipitait en hâte les quatre « linges » qui, étant ma propriété personnelle, pendaient, sans en être d'ailleurs autrement étonnés, aux quatre clous de ma garde-robe pékinoise.

– Ohé ! monsieur l'interprète, c'est aller fort et un peu vite. Où est donc M. Tsang-Tso-lin ? Encore à Moukden. Où est donc M. Wou-Pé-Fou ? On ne sait où !

– Où sont donc les gens de raison ? Sur le chemin de l'hôtel des Wagons-Lits. Aller à la citerne quand elle est vide, autant rester dans ses pantoufles. Citerne vide, hôtel bondé, même dé !

– Gloire à M. le ministre de France ! m'écriai-je. Il n'y a dans toute la Chine qu'un interprète sans pareil et il a su le dégoter. Laissez là mes faux cols, Gnafron de mon cœur, donnez-moi le bras et descendons. Un verre de champagne n'a jamais attristé deux amis. Allons le boire. La guerre est proche et mon journal est riche.

XII

LE FESTIN OU L'ÉLOGE DE L'ANARCHIE

Ce soir, quatorze messieurs m'invitaient à un festin. Les journalistes chinois, séduits par l'air sérieux que j'apportais dans mon travail, avaient décidé de m'avoir, aux lumières, autour d'une table de premier choix.

Une heure avant le rendez-vous, je fis monter au 518, des œufs, du jambon, un demi-kilo de filet de bœuf, quelques desserts, et je me mis à manger. Ainsi doit procéder tout bon Européen avant de se rendre à un grand dîner du cru. Après cela, je gagnai le restaurant.

C'était derrière la porte de Chien-Men. Vous la connaissez. Vous n'êtes jamais venu à Pékin, mais il n'est pas nécessaire d'avoir été à Londres pour se faire une idée de Westminster, ni à Paris pour se représenter la forme de la tour Eiffel. Chien-Men est cette porte... mais ne la décrivons pas.

Passons à côté. Je suis en retard, cela me fera gagner du temps.

Je marchais rapidement à la recherche de la ville chinoise. J'allais comme je le pouvais de *houtong* en *houtong*. Un peuple sans nombre grouillait sous les lumières, comme les microbes sous le microscope. Avisant un Européen :

– Pardon, monsieur, lui dis-je, est-ce ici la ville chinoise ?

– Comment ? me répondit-il, ne le sentez-vous pas ?

– C'est vrai, fis-je, portant subitement mon mouchoir à mon nez. Merci !

Pour voir plus clair, je pris par la rue des lanternes. Ici, tous les individus du monde, race jaune et race blanche, achètent des lampions, avec leur nom, en caractères chinois, soigneusement peint sur le papier. Cela, paraît-il, fait très bien dans son antichambre. Mais, puisque pour acheter des lampions, il faut avoir une antichambre, je n'achetai pas de lampions, vu que, n'ayant pas de chambre dans mon pays, je ne puis avoir d'antichambre.

Voici plus de lumière et davantage de bruit. Je dois arriver dans le quartier des restaurants. J'y étais : en effet, sous les relents, mon doux cœur montait à mes lèvres !

Mes éminents confrères m'attendaient devant l'établissement. Je commençai par leur dire que, dans le cours de ma vie, je n'avais jamais éprouvé

un semblable appétit. Ils parurent enchantés de cette politesse. Et nous entrâmes.

– Messieurs, c'est avec une impatience lancinante que j'attendais ce beau soir. L'honneur de me trouver en la compagnie de tels lettrés est si grand pour moi qu'il m'en a, je le sens bien, coupé complètement l'appétit. D'ailleurs ne serait-il pas impie de préférer vos mets à vos propos. Je mangerai peu pour mieux vous écouter.

Là-dessus, un serviteur emplit ma soucoupe de je ne sais quelles renommées et précieuses épluchures.

– Messieurs, leur dis-je, tout en tâchant de faire adroitement disparaître dans mes poches ces légumes inédits, messieurs, la Chine trouble en ce moment toutes les solides idées qu'un citoyen conscient peut avoir sur la nécessité d'un gouvernement. Vous êtes en train de prouver que les gouvernements ne sont point indispensables à la vie ni au bonheur des peuples.

– Comment, fit mon voisin, comment trouvez-vous ce petit plat-là ?

– Délectable ! confrère, si savoureux qu'avec votre permission je compte bien en mettre, pour demain, un tout petit peu dans mes goussets. Donc, on dit au voyageur... Vous permettez, n'est-ce pas, messieurs, que je vous dise ce que l'on dit au voyageur ?

– Parlez ! confrère.

– Mangez ! messieurs, je parlerai. On lui dit : L'Empire du Milieu est en ruine. Ne longez jamais

ses murs, les tuiles tombent. Il ne possède plus rien de ce qui fait la force des États : ni président du Conseil, ni ministres, ni généraux à lui. Les fonctionnaires qui devraient tout faire fonctionner ne fonctionnent plus...

– Hurrah ! crièrent les quatorze lettrés.

– On lui dit : Il a un empereur, deux présidents de République, trois superdictateurs et dix-huit moyens tyrans.

– Dix-neuf ! rectifia poliment le plus âgé.

– Ses finances, continue-t-on, vivent sous le règne de la banqueroute. Son Parlement s'est cavalé et la panique, comme une comète, traîne sa queue sur tout le pays.

– Boys ! cria le président, faites chauffer du vin chinois !

– Alors, messieurs, débarque le voyageur. Que fait-il ? Il cherche sur son chemin les traces d'un si effroyable malheur ! Il prête l'oreille et soudain il entend des murmures. C'est le peuple qui gémit et qui demande un gouvernement ? Erreur. C'est un groupe d'honorables individus qui, assis en plein air, jouent passionnément au jeu dit : le *Mat-Hiang.* Quoi ? fait le pèlerin, vous n'avez pas de gouvernement et, le derrière dans l'ordure, vous jouez au domino-poker ? Au fou ! Au fou ! lui renvoient vos citoyens. Qu'on emmène ce barbare, il a perdu la raison.

– Maintenant, fit l'un des quatorze, voilà le plat national.

C'étaient des arêtes de raies qui baignaient dans du cambouis.

– Les ailerons de requins ! annonça le grand serviteur.

– Messieurs ! (plus je parlerai, pensais-je, et moins je mangerai d'ailerons de requins) messieurs, on a dit au voyageur : Il n'y a plus de ministre des Communications. Le grand homme sauta un jour sur sa plus puissante locomotive et plus personne ne le revit. Les chefs de gare, dont le cœur est humanitaire, prirent les wagons, trouvant qu'ils avaient suffisamment roulé, et les envoyèrent au bain de mer où, en récompense, ils finissent leurs jours au soleil comme cabines de première classe. Les tyrans déboulonnent les rails pour en faire des cure-dents ! etc. Alors, anxieux, le voyageur gagne la gare. Montez ! lui dit un aimable employé, montez, monsieur, le train vous attend. Mais, il n'y a plus de ministre, fait le client, plus de wagons, plus de... Le sifflet lui coupe la parole. Le train part...

– Et il arrive ?

– Comme s'il y avait un gouvernement !

– Confrère blanc, commença le plus âgé...

– Permettez, messieurs ! Laissez-moi vous exposer tous les étonnements du voyageur. Alors qu'en descendant du train, à l'arrivée dans votre bonne ville de Pékin, il disait au premier homme qu'il rencontrait : « Alors, et l'anarchie ? citoyen, l'anar... », de charmants garçons prenaient sa valise.

On le mettait dans une bonne voiture. Dix minutes après, un ascenseur le soulevait. On le poussait doucement dans une chambre tiède et le boy apparaissait. « Ne t'en va pas ! disait-il au boy, tu arrives à point. Comment as-tu arrangé ta vie depuis que tu es privé de gouvernement ? – Je suis toujours content, faisait le boy, de voir des clients, parce que voir des clients, c'est apercevoir des dollars. – Est-ce là ce que je te demande, garçon vénal ? C'est au citoyen que je m'adresse. » Eh bien ! Messieurs, savez-vous ce que répondit votre modeste, mais authentique compatriote ? « Que veut dire ce mot ? » Messieurs... Non, confrères, il ne répondit pas cela, c'était un garçon trop poli. « Moi, dit-il simplement, je ne suis pas un citoyen, je suis un boy. » Mais le voyageur ne veut pas s'en tenir là. Sors, se dit-il, enquête, va frapper chez les Chinois à boutons. Justement, il en connaissait un. « Depuis que votre gouvernement est mort, pauvre ami, lui dit-il, comment vivez-vous ? – Quoi ? Qui est mort ? fait le Chinois anxieux. – Votre gouvernement. » Il respire : « Ah ! oui ! Eh bien ! Depuis qu'il est mort tout le monde se porte bien. » Quitte cet homme satisfait. Ce n'est qu'un égoïste. Parce que lui ne manque de rien, qu'il a un jardin de pierres verticales, une femme, sept concubines, un ongle long au petit doigt et des lunettes, prouvant ainsi qu'il est lettré, il dit que tout est bien.

Va un peu derrière la porte de Chien-Men, voyageur. Là, tu seras dans la ville chinoise. Et

tu comprendras ce que souffre un peuple sans gouvernement.

Il y va. Il pénètre dans le plus respectable des magasins et, sans autre préambule, s'adressant aux quatre nobles commerçants chinois qui l'accueillent : « Comment va votre commerce depuis que vous n'avez plus de gouvernement ? » Les quatre Chinois : aïeul, grand-père, fils et petit-fils, les mains cachées dans leurs manches réunies, rirent à petits coups jusqu'à leur nombril. « Il y a de quoi pleurer et vous riez », leur dit-il.

– Et que vous répondit l'aïeul ? fit mon voisin de face qui barbotait avec délice dans le cambouis des ailerons.

– Confrère, il répondit : Le commerce a besoin de clients et non de gouvernement.

– Du vin chinois ! crièrent tous ensemble mes honorables hôtes. Qu'on en apporte et qu'on en boive. Confrère blanc, voici les chanteuses !

Elles arrivaient en courant dans leur petite culotte. Comme j'ai toujours aimé les tableaux, j'avançais un œil pour voir comment elles étaient peintes.

– Vous pouvez toucher, dit le plus jeune, cela fait partie du repas.

Un monsieur chinois s'assit et se mit à frotter un archet sur l'unique corde d'un violon. Alors, j'entendis des cris épouvantables. Je regardai. Ils sortaient de la petite chanteuse que j'avais gentiment caressée.

– Qu'a-t-elle, dis-je consterné, est-ce moi qui lui ai fait mal ?

– Non ! elle chante !

Je bus un coup et je repris :

– Messieurs, je fais appel à votre bonne foi. Le bon peuple de Chine est malheureux. Vous savez comme moi que, dans le royaume de Tsang-Tso-lin, chacun tremble. Lorsque l'un de vos tyrans a besoin d'argent, il pille les particuliers. À l'approche des troupes, les femmes qui veulent rester pures se jettent dans les puits. Le paysan ensemence sa terre, les hordes viennent ensuite et la retournent. Est-ce du désordre, oui ou non ? Et dites franchement, devant cet état, si la présence d'un gouvernement ne se fait pas sentir ?

Alors le plus âgé posa sa tasse de porcelaine, essuya, pour mieux me regarder, les verres de ses lunettes, se leva et dit :

– Confrère blanc, tu juges sans réflexion. Les sujets de Tsang tremblent, dis-tu. S'ils tremblent, ce n'est pas parce qu'ils sont les sujets de Tsang mais parce qu'ils ont toujours tremblé. Aujourd'hui, le maître s'appelle *toukiun*, autrefois il portait le nom de mandarin. Le Chinois a passé sa longue vie à ramper devant tous les seigneurs pour éviter leurs fantaisies cruelles. S'il ne tremblait plus, c'est alors qu'il y aurait du changement et que tu aurais le droit de t'écrier : La Chine est en décomposition. C'est l'anarchie !

Le *toukiun* impose le peuple, dis-tu. À quel moment le peuple n'a-t-il pas été imposé ? Et que ce soit par le *toukiun* ou le gouvernement, si le pirate n'exige pas davantage que le protecteur, quelle différence veux-tu que le peuple y trouve ?

Quant à l'épisode des femmes et des puits, sache que ce n'est pas là une affaire gouvernementale. C'est une vieille coutume nationale. De tous temps, beaucoup de femmes, à un certain détour de leur existence, ont épousé les puits, de gré ou de force. Et, crois-moi, à la minute où nos chères compagnes se laissent glisser dans l'eau potable, il ne leur vient pas à l'idée de se dire qu'elles n'en seraient pas là s'il y avait un gouvernement !

– Alors, m'écriai-je, où réside l'anarchie qui, selon tout bon esprit, dévore la Chine ?

– L'anarchie réside dans le cerveau des hommes de ton espèce, répondit toujours le plus âgé. Vous vous figurez, en Europe, que vous détenez la vérité. Parce que chez vous vos pays ont un gouvernement à leur tête, vous croyez d'abord que c'est le gouvernement qui fait marcher le pays, ensuite que tout autre pays, pour fonctionner, doit avoir comme le vôtre un gouvernement. Confessez ici votre erreur. Si les bolcheviks qui, eux aussi, cherchaient un nouveau système, nous avaient imités, il y a longtemps, avec le bruit qu'ils ont fait, qu'ils auraient conquis le monde. Eux ne se sont pas contentés de démolir, ils ont voulu

reconstruire. Ce fut leur faute. Nous, nous n'avons plus rien : ni suffrage universel, ni suffrage de classe, ni soviets, ni gouvernement, ni députés, ni commissaires ; quant à la caisse de l'État, elle est sèche comme une figue de trois ans. L'État est mort, mais le pays vit. Jamais le pays n'a mieux vécu que depuis qu'il n'y a plus d'État.

– Permettez...

– La vie a plus d'entrain que jadis. Le particulier cache dans sa poche un dollar qui vaut dix beaux francs au lieu de deux cinquante. Les canards laqués pendent par milliers, le croupion bien frais, aux crochets des marchands de victuailles. Il n'y a pas un crime de plus qu'auparavant. Les bandits n'attaquent nos trains qu'avec modération, tenant à prouver que, depuis qu'ils sont libres, ils se gardent bien d'abuser. Nos lettres arrivent, les télégrammes circulent rapides comme la pensée. Nous jouons au *Mat-Hiang* à volonté. Les petites chanteuses chantent toujours comme de gros eunuques. Les hirondelles continuent de faire des nids. Les requins ont encore des ailerons. La « drogue » ne manque pas. Et nos cercueils sont d'aussi bon bois.

– C'est l'éloge de l'anarchie que vous prononcez là, ô confrère vénérable.

– Vous l'avez dit, fit toujours le plus âgé, en levant d'une main sa tasse de vin chinois tandis que de l'autre il caressait voluptueusement la nuque huilée de sa petite chanteuse cantonnaise.

XIII

TROIS MARSOUINS

C'ÉTAIT une nuit de samedi, derrière Chien-Men, en ville chinoise. Après dîner, ayant entendu une fois de plus sonner dans mon cœur le glas familier de la solitude, j'étais venu là parce qu'il faut bien s'amuser. Le spectacle était, en effet, mirobolant.

Sous le mécanisme qui allumait et éteignait sans arrêt de gigantesques caractères chinois, les maisons tanguaient, comme prises dans un tremblement de terre électrique. Pour les tons, c'était la palette d'un peintre né barbouilleur. Bref ! un formidable cocktail de lumières semblait enivrer la ville. Quant aux cris, on eût cru le ciel noir sillonné par les oiseaux les plus gueulards. On distinguait la claquette des cigognes et l'éternelle et grave interrogation des corbeaux. Sortant des portes, des fenêtres, c'étaient à la fois des bruits tenant de la

scie mécanique, du tir forain, du lion affamé, de l'évier qui se gargarise, et de l'océan, à minuit, quand il est en fureur. On entendait aussi la danse osseuse des dominos mêlés avec passion sur une table de bois. C'était des Célestes qui jouaient au *Mat-Hiang* jusqu'à la perte de leur unique casaque. Soudain, le miaulement glacé d'un chat qu'on étrangle : le violon à une corde !

Des bouffées écœurantes où l'on démêlait l'odeur de graisse de requin et celle de vieux fards rances vous suffoquaient de mètre en mètre. Dans ces *houtongs* les Chinois ne marchaient pas. Ils ne couraient pas non plus. Ils allaient d'un train qui est uniquement chinois et qu'eux-mêmes n'adoptent que le samedi soir, quand ils vont faire la noce à Chien-Men : ils serpentaient. Ils vous passaient sous le bras, sous la jambe. Vous serriez à droite, ils glissaient à gauche comme au palais de Glace. Le dragon du plaisir les piquait aux fesses du bout de sa langue. Dans les quartiers de nuit de notre Europe, on rencontre des fêtards hésitants. Les Chinois, eux, savent tous où l'amour les attend. Ils y vont comme une flèche.

Des chanteuses couraient ces *houtongs*, accompagnées de leur musicien au boyau de chat. Petits rats musqués, elles volent d'un cachet à l'autre, d'un restaurant dans une *maison.* Elles ne s'assoient pas, ne soufflent pas. À peine dans la salle, elles dégoisent ! Une de leurs camarades chante-t-elle, qu'importe ! elles attaquent ! Ah ! c'est du beau travail !

Les courtisanes huppées arrivent dans leur rickshaw particulier. Ces rickshaws galants sont empanachés comme un corbillard de première classe. Des fils électriques nourrissant des ampoules de toutes couleurs festonnent la capote et enroulent les brancards. Elles sont là-dedans, peintes comme sur porcelaine et revêtues de robes brodées et rigides comme des chasubles. Elles ont l'air de reliques dans des châsses illuminées. Faut-il s'agenouiller et les baiser ?

Tout est enchevêtré. Vous croyez entrer dans une maison où l'on mange, c'est une maison où l'on joue. On peut cependant, quand on a de l'œil, reconnaître les maisons où l'on aime. À leurs portes pendent autant de tablettes qu'il y a de dames à l'intérieur. Ces tablettes donnent le nom de ces douces enfants. Parfois, une petite couronne de fleurs est accrochée à ces touchants bouts de bois. C'est l'acte de reconnaissance d'un client satisfait.

Alors, je vis trois marsouins, trois tristes soldats de France qui s'en allaient dans ce tintamarre, désabusés et soûls d'avance.

Ils marchaient comme tous les soldats qui sont très loin de leur pays, c'est-à-dire qu'ils avaient l'air de circuler dans le vide. Il semblait qu'en soufflant sur eux on les verrait s'évanouir.

Je les suivis. Il est des moments où l'on a besoin de se rapprocher des siens. Tel raseur que vous fuiriez sur les boulevards vous apparaît une providence sous d'autres cieux. Vous le nourrissez, au

besoin, toute la journée, pour être sûr de le posséder le soir venu.

Ce n'étaient pas trois marsouins de la vieille ! Comme tous les gens qui n'ont pas de soucis, ils cheminaient très absorbés. Un chien passa, ils regardèrent longuement passer le chien. Ils ne se parlaient pas mais la cadence semblable de leur marche les unissait mieux que s'ils se fussent tenus tous les trois par la main.

Ils voulaient boire. Cela seul était clair. Où ? Ils s'arrêtèrent une première fois et, en silence, ils hésitèrent face au gourbi. Aucun ne s'étant décidé, les trois repartirent par le *houtong.*

Soudain, ils avisèrent un long couloir éclairé. Qu'était-ce ? Ils se consultèrent du regard. Ça leur allait. Ils le prirent. Je les suivis. Au bout de ce couloir à angle droit, un nouveau couloir plus éclairé que le premier. Cela aboutissait à une salle qui avait tout de l'aquarium. Un Chinois qui sommeillait sur une natte entrouvrit un œil oblique et les regarda avec curiosité. Enfin ! sait-on jamais ? Il se leva, les pria de s'asseoir. Ils s'assirent. Je vis bien que les marsouins s'étonnaient de ne point voir de tables où l'on boit. Le Chinois, qui avait disparu, revint presque aussitôt. Il portait une espèce de trépied qu'il posa devant les marsouins, à quatre pas exactement.

Il est quantité d'heures dans la vie où il ne faut pas chercher à comprendre ce qui se passe. Des soldats d'infanterie coloniale savent cela – ainsi

d'ailleurs que beaucoup d'autres choses. Ils attendirent. Subitement, une aveuglante lumière tomba du plafond de verre. Le Chinois reparut, un gros appareil dans les mains. Ils étaient chez un photographe !

– Ah ! m..., fit l'un des soldats.

Et ils se levèrent.

– Amis, leur dis-je, elle est mauvaise !

– Un pays ! firent les soldats.

– Faites-vous toujours photographier, je paye la séance.

– On n'a pas de femme. J'ai même pas de mère. As-tu une mère ? Toi, le Toulonnais ?

– Oui, j'ai une mère.

– Alors, Chinois, installe ta boîte. C'est pour sa mère. Sans blague ! Vous payez la séance ?

Et je sortis en leur compagnie.

– Eh bien ! fit le soldat qui parlait, on peut aller chez les Coréennes !

C'était derrière le quartier tartare. Il fallait sortir de Chien-Men et gagner Hata-Men. Quatre rickshaws nous emportèrent. À Pékin, la moitié de la population traîne l'autre ! D'un trou de lumière nous étions tombés dans un trou d'ombre. On passa devant les pylônes de la TSF. On franchit un sale ruisseau qui puait la nuit comme il pue le jour et qui s'appelle la rivière des Parfums. Les coolies coupèrent par le quartier des légations. Quoique la plante de leurs pieds n'ait plus rien à voir, depuis longtemps, avec la sensibilité, ils prennent toujours

par « les légations », se disant que c'est mieux payé. On longea la caserne des marsouins.

– Emmanuel ! crièrent-ils à la sentinelle, fais bien attention que le commandant ne découche pas !

Ce fut la fin de ces sombres couloirs publics. On piqua sur la ville jaune. On la laissa à notre gauche. Il faisait noir comme dans un encrier. « V'là le Palace ! », dit l'une de mes recrues. C'était l'hôtel de Pékin. « Hata-Men ! têtes de porc ! On vous a dit Hata-Men ! » Les coolies, comme tous les coolies, ignoraient où ils nous menaient, ils fichaient le camp à l'opposé. On repiqua sur la droite.

– C'est tout de même dommage que j'aie pas de mère pour qu'elle voie son fils se faire trimbaler ainsi les côtes ! Et toi, le Toulonnais, t'as une mère ?

– Oui, j'ai une mère.

On atteignit l'avenue de Hata-Men. « À droite ! eh citron ! à droite ! » Quittant la grande voie, on s'enfonça dans des *houtongs* sinistres.

Les « pousses » posèrent leurs brancards et tendirent la main. Ils n'iraient pas plus loin.

– C'est-y qu't'as peur qu'on t'coupe t'le cou dans les obscurités ? »

On partit à pied !

– C'est des Coréennes, expliqua le plus grand, qui sont gentilles pour les navigateurs !

Ce n'étaient plus des ruelles, c'étaient des boyaux ! Puis un immense terrain vague, et, comme un îlot, la maison.

Alors le marsouin parleur fit les présentations :
– Lui, c'est le Toulonnais, moi c'est Jumeau, l'autre c'est Vittel.
Une cour, trois lampions, les filles dans un coin.
Jumeau dit :
– Ce sera du vin pour commencer, et la Chine, à mon avis, c'est moins que rien.
– C'est pas Toulon, pardi ! dit le Toulonnais.
– Qu'est-ce que t'y vois, en Chine ? Veux-tu m'y dire ? T'y vois des murs. C'est pas des hommes, ces habitants, c'est des maçons.
– T'y vois des murs, fit le Toulonnais, et t'y vois pas c'qu'y a derrière. Vittel ! dors pas ! À quoi qu'tu penses ? T'as pas d'enfants ?
– Je pense, dit Vittel, que j'suis pas bien dans la Chine.
– Et t'as même pas payé l'voyage !
– J'aime pas le voyage et j'aime pas l'étranger. Pourquoi qu'on nous a mis là-dedans ? Quoi qu'on vient faire, nous, à Pékin ? T'y as compris, toi qu'es malin ? On ne peut même pas garder nos vaches, et v'là qu'on garde les légations !
– On ne pouvait pas te mettre à garder ton pèze, dit jumeau, pissque t'en as pas ! Toi ! le Toulonnais, t'aimes-ti mieux être en Chine ou bien en Cochinchine ?
– J'aime mieux être à Toulon.
– Comme les melons ! Écoute, Vittel, la question que j'te pose : Comment croyais-tu que c'était fait la Chine ?

– J'croyais pas qu'c'était fait comme c'est fait.

– T'y croyais trouver toutes les maisons en porcelaine ?

– Et puis, j'm'en f..., dit Vittel.

Ce n'étaient pas des bavards mais ils avaient des sensations à exprimer.

– Et pourquoi, me demanda Jumeau, pourquoi qu'y s'bouffent le nez entre eux, pissqu'y a pas la révolution ?

– C'est comme chez nous, Jumeau, entre radicaux socialistes et réactionnaires.

– Oui, mais chez nous, ils passent le temps, ils ne s'tuent pas.

Je lui expliquai qu'en Chine il était nécessaire que d'abord les enfants mourussent en masse, qu'ensuite des grandes personnes fussent saignées à périodes régulières, autrement les Chinois seraient trop nombreux, il n'y aurait plus assez de riz et cela amènerait des difficultés économiques.

Mais c'était aller un peu loin dans l'explication de la Chine. Jumeau me ramena aux choses plus claires.

– Et pourquoi que les femmes elles portent des pantalons ? On s'y fera peut-être, à la longue, mais tout de suite ça nous échauffe pas ! C'est pourquoi on vient chez les Coréennes, c'est plus humain, ça a des robes, c'est moins cher et c'est bien élevé !

– Et c'est moins paysan, dit le Toulonnais.

– Et moi, ça m'plaît, passque ça a pas les cheveux gras !

– Où qu'c'est la Corée ? On y a passé dans notre voyage ?

– C'est, dit Jumeau, où qu'ça doit être. C'est mieux qu'la Chine, c'est tout c'que j'sais. Hé ! l'tenancier ! dis qu'elles approchent tes p'tites frisées qui ont des robes.

Le Chinois siffla. Les filles pauvres s'avancèrent.

– Viens près d'Jumeau, toi qu'es la mieux, cria Jumeau. Bois dans son verre. Donne-lui ta patte. Comment qu'ça va ? Et tes parents qui t'ont mise là, comment qu'ils vont ? Où qu'c'est ta Corée ? C'est-y en montant ou en descendant ? Vois-tu, c'qui m'choque, c'est que le pognon que j'vais t'donner, tu en r'fil'ras au vieux Chinois. Pourquoi qu'c'est pas un Coréen, ton marchand d'filles ? T'es jaune, mais t'es appétissante, et toi, au moins, pas de pantalon ! On s'y reconnaît ! Qué dommage que tu puisses pas m'parler ! Hé ! l'Chinois ! dis-lui qu'elle chante comme au village, pour les marsouins.

La fille chanta.

– On sait pas c'qu'elle dit, mais on comprend qu'c'est triste.

Trois marsouins, la nuit noire, dix filles bon marché de la Corée, cette cour qui semblait celle d'une léproserie, tout cela dans ce quartier hagard de Pékin...

– J'aime boire quand elle chante, dit Jumeau. La fille s'arrêta.

– Chante encore ! Chinois, dis-lui qu'elle chante !

La fille chanta. C'était un air de désolation.

– Vois-tu, Vittel, c'qu'elle chante, ça veut dire qu'elle regrette son pays.

Moi, je revis Paris. Soudain, la place du Havre m'apparut. Je *pris* par la rue Tronchet, je tombai derrière la Madeleine, je *regardai* la statue de Lavoisier. Puis j'entendis le timbre du tramway Madeleine-Porte de Neuilly. Je continuai par les grands boulevards. Je vis la lumière lie-de-vin du balcon de l'Opéra. Je tournai faubourg Montmartre. Je regardai l'heure à la pendule, entrée de la cité Bergère...

– Qu'est-ce qu'elle dit ? demanda Vittel.

– Elle dit qu'elle est pas gaie. Et ça me donne soif.

Ils burent.

– Tout ça, c'est bien, dit Jumeau. On dirait qu'on n'est plus en Chine...

XIV

DEUX ILLUSTRES CHINOIS EN PANTOUFLES

NOUS FILONS tous les deux, chacun dans un rickshaw. M. Pou et votre petit serviteur. Il est sept heures du matin, ce qui veut dire que la bonne humeur, qui ne se lève jamais si tôt, ne nous a point encore visités. Dans sa brouette, M. Pou ne bougeait pas. On eût dit que le coolie venait de voler dans un temple un bouddha de bois et qu'il le transportait au jour naissant chez le brocanteur.

– Hé ! monsieur Pou ! lui criai-je de ma propre brouette, vous en faites une face, ce matin !

M. Pou ne répondit pas.

Nous allions à Tient-Sin ! Pas dans nos brouettes ! Nous allions à la gare prendre le train pour Tient-Sin !

Car c'était décidé. On allait se battre. La Chine allait tirer son sabre contre la Chine.

Vous avez dans l'œil, je l'espère, la situation militaire du Céleste Empire. Je fis au début un

assez rude effort pour vous l'exposer. Si vous n'en aviez rien retenu ce serait à vous décourager de vous fournir des explications. Mais je suis tranquille. Une question de cette importance n'a pu vous laisser indifférents.

Néanmoins, je vais vous rafraîchir la mémoire.

Au centre de la Chine, se trouve un homme au nom mutin : Wou-Pé-Fou. Ce charmant garçon a trois cent mille soldats. C'est le baudet. Nous voulons dire que c'est sur lui qu'on crie haro !

Et, au nord, mon vieil ami de grands chemins, le coupe-jarret Tsang-Tso-lin, se prépare à l'attaquer.

Ce combat aura lieu non en l'honneur d'une femme, ce qui aurait de la branche, mais de deux Chinois en pantoufles :

– le maréchal Tuang-Si-Joui,

– le président du Conseil en congé, Liang-Che-Ji.

Si le coup réussit, le maréchal n'ayant plus mal aux yeux deviendra président de la République et le président du Conseil, guéri de ses rhumatismes, cessera d'être en congé.

Tous les deux sont en ce moment à Tient-Sin. Tuang sur la concession japonaise. Liang sur la concession française, le Japon étant bon pour l'ophtalmie et la France pour l'arthritisme !

Maintenant, à la gare.

Nous y voici. Au guichet, je prends deux billets : dix dollars et quarante cents. Je signale ce détail non pour montrer qu'à cette époque je possédais encore dix dollars quarante, mais vous allez comprendre.

Le train démarre. Nous sommes huit dans le box : sept Célestes et un barbare – moi. Une demi-heure passe. Alors, expectorant deux grognements qui signifient : « Vos billets, SVP », le contrôleur, tenant en main, comme une massue, son instrument contondant et perforateur, apparaît.

Le premier Chinois se lève en souriant et lui dit un mot à l'oreille. Le second lui lance un regard de complicité. Le troisième lui donne une poignée de main.

Aucun n'a de billet. Le quatrième lui donne aussi une poignée de main et le cinquième également. Curieux ! Ils sont tous copains, dans ce pays ! Mais quand le sixième lui donna la poignée de main, le contact des deux paumes provoqua un son métallique. La perspicacité bien connue des reporters m'aida à comprendre le jeu. On ne prenait pas de billets, on glissait un dollar au contrôleur ! « Pourquoi ne m'avoir pas averti ? » dis-je sévèrement à M. Pou. Ayant horreur du scandale, je cachai rapidement mes deux billets et sortis deux dollars. « Voilà ! », fis-je quand vint mon tour. Et à l'heure dite, le train arriva. Vive l'anarchie !

Tient-Sin !

– Voyez-vous, dis-je à M. Pou, la Chine, votre berceau, est une terre bien troublante. Tout est cassé et tout fonctionne. Personne ne paie ses billets et les trains marchent comme une montre.

– Les trains marchent comme une montre parce que ceux qui vivent des trains ont intérêt à les

faire marcher. Si, chez nous, comme en Russie, c'était la communauté qui empochât, depuis longtemps tout serait rouillé. L'homme est un vilain animal. Il ne pense et ne pensera jamais qu'à lui. La Chine, en ce moment, est le triomphe de l'égoïsme sur l'altruisme, ou, si vous préférez, du débrouillard sur l'empoté.

– À table ! monsieur Pou. Il est bientôt midi. Allons au cercle et mangeons bien !

– Monsieur, répondit Gnafron, pour que l'estomac soit à point, il faut avoir l'esprit libre. Le maréchal Tuang-Si-Joui, le président Liang-Che-Ji ne nous recevront que s'ils nous attendent. Asseyez-vous ici. Prenez un quart Vichy, moi je vais ouvrir les portes.

– Ouvrez, Gnafron ! À bientôt !

Tient-Sin entrait en ébullition. Les premiers soldats de Tsang-Tso-lin y défilaient déjà en zigzag. De quel droit le roi de Mandchourie promenait-il ses mercenaires dans la ville de Tient-Sin ? Qui le saura ? Ah ! les beaux soldats ! Où a-t-il pêché cette racaille, mon vieux Tsang ! Vous connaissez Marseille ? Figurez-vous qu'un conquistador, les poches pleines d'or, débarque sur le port que le soleil dore ! Il ramasse tous les hommes qui s'y trouvent, nègres, blancs, jaunes, rouquins. Quatre par quatre, il les met en ligne, leur donne un lebel, une bande à cartouches sur le ventre. Une musique municipale précède le lot et en avant par la Canebière à l'assaut de l'église des Réformés !

Voilà les bataillons qui passent à cette heure devant le cercle de Tient-Sin. Ce sont les soldats de Tsang-Tso-lin. Qu'ils n'aient pas de souliers, c'est décent, mais – et je le jure devant la Société des Nations – il y en a qui sont sans culotte. C'est des derrières que le tyran fait défiler au son de la fanfare ! Enfin !

– Boy ! Un quart Vichy !

– Tiens ! fait l'un de mes voisins, moi, je suis belge, salut ! Voilà la kermesse qui recommence !

Gnafron, à ce moment, débarqua devant la terrasse. Le Belge, qui n'avait jamais vu Gnafron, s'étrangla à son aspect, le nez dans son cocktail.

– Combien de temps, me dit-il, avez-vous mis à le dénicher, celui-là ?

– Quoi ? fit Gnafron, l'oreille déjà toute rose.

– Monsieur Pou, lui dis-je, ce n'est rien, c'est un homme sans malice, c'est un Belge !

– Un Belge ? fit Gnafron, et il s'étrangla à son tour. Mais lui, ce fut dans mon quart Vichy !

Puis dédaignant l'enfant de Wallonie :

– J'ai tout arrangé, dit-il, à trois heures chez Tuang-Si-Joui, à quatre heures chez Liang-Che-Ji.

– À table ! cher Pou et que Dieu nous aide !

À trois heures, frais comme deux roses, nous arrivions chez Tuang-Si-Joui, maréchal et candidat secret à la présidence de la République.

Gnafron se pencha à mon oreille et dit :

– Vous savez, celui-ci n'est pas un voleur !

Et, levant l'un de ses doigts au-dessus de son front :

– C'est rare !

Le maréchal Tuang-Si-Joui étant un admirateur désintéressé des paysages japonais, les Japonais lui avaient prêté un joli petit hôtel muré sur leur concession. Autour des murs de cet hôtel, ils avaient établi un stade où, nuit et jour, leurs policiers s'entraînaient en vue de la prochaine Olympiade...

Deux domestiques nous attendaient. Ils marchaient devant nous, mais à reculons et ils nous faisaient des révérences si mécaniques que l'on eût juré que chacun de leurs plongeons halait tour à tour l'interprète et le reporter.

On fut introduit dans une salle toute nue.

Contemplant cette nudité, je dis à M. Pou :

– Peut-être vos illustres compatriotes craignent-ils que les visiteurs emportent des souvenirs ; un ivoire, par exemple, ou une table laquée ?

Mais M. le Maréchal parut. Son humeur était rose et sa robe bleu pastel.

Je me lançai immédiatement dans une remarquable série d'exercices physiques. J'y allai du torse, du cou et des jambes.

– Ai-je assez salué, monsieur Pou ?

– Cela va ! fit-il.

– Eh bien ! maintenant, écoutez-moi et traduisez : « Excellence, quelles intentions ne vous prête-t-on pas à Pékin ? On prétend que vous êtes le centre de tout ce qui va se passer. »

Plus de quinze Chinois s'écrasaient à la porte pour écouter.

– Que font là ces gentilshommes ? demandai-je à M. Pou.

– C'est la domesticité, ainsi qu'il convient, qui assiste à l'entretien.

– Il est assez exact, répondit le maréchal, que certains événements suivront bientôt leur cours.

– Précisons. M. le maréchal Tsang-Tso-lin va partir en guerre contre M. le maréchal Wou-Pé-Fou. Si Tsang-Tso-lin est vainqueur, vous devenez président de la République. Est-ce bien cela ?

– Il ne faut pas lui poser la question dans ces termes, fit M. Pou, vous y allez un peu trop fort. Laissez-moi faire, je vais lui arranger le compliment.

Et les voilà partis tous les deux dans un dialogue qui n'en finit plus.

– Que dit-il ?

– Il dit qu'il vous souhaite une heureuse bienvenue.

– Mais ce n'est pas ce que je lui ai demandé. Traduisez exactement ceci : « Si Tsang-Tso-lin est vainqueur, deviendrez-vous président de la République ? »

M. Pou se tourna vers l'illustre et prononça un long discours. L'autre répondit par une phrase qui étant brève me parut claire.

– Que dit-il ?

– Il dit que vous lui êtes très sympathique.

– N... de D... ! oh ! pardon ! fis-je immédiatement, pardon monsieur le Maréchal. Et, m'adressant à M. Pou :

– Pou, allez-vous poser ma question, oui ou non ?

– Doucement, je prends les tournants avec délicatesse.

Et le voilà qui repart dans une conversation éperdue. Tout cela n'étant pour moi que du chinois, je me préparais à interrompre quand M. Pou, victorieux, se tourna de mon côté et dit :

– Il a dit que Tsang-Tso-lin détruirait sûrement Wou-Pé-Fou.

Au même moment, le maréchal prit un crayon et, s'emparant de ma carte de visite, traça dessus un petit rébus. Ceci n'était pas correct. Les cartes de visite, en Chine, sont-elles sacrées ou ne le sont-elles pas ? Passons. Le maréchal voulait m'expliquer que Wou-Pé-Fou étant placé *comme ça*, c'est-à-dire sur une ligne droite, il ne pourrait résister à deux attaques, l'une du nord, l'autre du sud.

Mais aussitôt, M. le Maréchal s'aperçut de sa distraction et que, dans le feu de ses pensées stratégiques, il avait pris mon parchemin pour du vulgaire papier brouillon. Il s'en montra désolé. Il me fallut redonner une seconde carte. Je le fis, mais non sans murmurer. Je repris :

– Monsieur Pou, traduisez ceci : « Si Tsang-Tso-lin est vainqueur, deviendrez-vous président de la République ? »

Les voilà qui se remettent à palabrer.

– Que dit-il ?

– Il dit qu'il va vous offrir le thé.

– Dites-lui que je préfère la camomille !

On apporta du thé.

– Attendez, dis-je à M. Pou, nous allons lui poser la question autrement. Traduisez-lui exactement ceci : « Si Tsang-Tso-lin est vainqueur, ne croyez-vous pas le roi de Mandchourie capable de se nommer seul président de la République ? »

– Cela on peut le lui demander ; d'ailleurs, personnellement, je serai fort aise de voir, à ce propos, la tête qu'il fera.

Et M. Pou y alla. Le maréchal, en recevant la balle, ferma les yeux, mais nous vîmes avec effroi que ses dix doigts de pieds remuaient nerveusement dans ses belles pantoufles orange.

– C'est le moment de nous retirer, monsieur Pou.

– En nous dépêchant.

Nous nous levâmes. Alors le maréchal parla. Il dit :

– Je suis honnête. Les profits ne m'ont jamais fait agir. J'appartiens seulement à mon pays. Je ne suis pas un homme d'argent.

– C'est vrai, fit M. Pou.

– Mais je ne lui ai rien offert, répondis-je.

Et nous partîmes chez Liang-Che-Ji, bouddha de la richesse et président du Conseil en congé involontaire depuis quatre-vingt-douze jours.

M. le Président du Conseil était réfugié sur le sol français. Politiquement, il combat les territoires étrangers en terre chinoise, mais, personnellement, il reconnaît, tout comme M. Pou, qu'à certaines époques cela peut présenter des avantages

indiscutables. Sa maison faisait face à la caserne des marsouins. Ainsi, avait-il pensé, si ça « barde », je serai paré.

Gnafron se pencha à mon oreille et me confia :

– Vous savez, celui-là, c'est un filou.

Je serrai mon portefeuille et j'entrai.

Dans une chambre aux tentures sombres, M. le Président du Conseil était vêtu de noir. Il avait le sourcil noir et l'œil noir. La renommée lui accordait aussi l'âme noire. De plus, ses traits étaient défaits comme s'il sortait d'une messe noire.

– Ne pourrait-il pas tirer un peu les rideaux, monsieur Pou ? C'est l'autre qui est atteint d'ophtalmie et c'est lui qui fait l'obscurité ?

– Avec celui-ci, fit mon éminent interprète, inutile de prendre des gants. On peut y aller « en bourrant ». Que voulez-vous lui dire ?

– Dites-lui que tout Pékin trouve, respectueusement, que ses vacances se prolongent un peu trop.

La question est traduite. Il nous regarde d'un méchant œil et répond :

– C'est que j'ai des rhumatismes.

– Alors demandez-lui comment vont ses rhumatismes.

– Pas plus vite que les événements !

Bien ! C'est un homme rond. Tranchons dans le vif.

– On dit communément que Votre Excellence attend le résultat de la prochaine guerre civile

pour savoir si elle rentrera à Pékin ou si elle partira encore plus loin.

– Je vais adoucir la formule, fit M. Pou. Il ne faut tout de même pas trop froisser le lotus. Vous partirez un jour et moi je demeurerai. Je vais lui demander ceci : « Votre Excellence rentrera-t-elle à Pékin avant ou après l'issue du combat entre Tsang-Tso-lin et Wou-Pé-Fou ? »

– J'y rentrerai avant quinze jours, car alors Tsang-Tso-lin aura battu Wou-Pé-Fou. Et le pays respirera. L'homme néfaste du centre, ce rejeton d'infâme femelle, sera enfin mis hors d'état de nuire.

Ce fils dont M. le Président insultait ainsi la mère n'était autre que Wou-Pé-Fou. Voici quatre-vingt-douze jours, il avait dit à Liang-Che-Ji, bouddha de la richesse : « Bouddha et président, tu vas déguerpir ou je t'étrangle ! » Et M. le Président était venu à Tient-Sin – sans billet naturellement.

– Quand Wou-Pé-Fou sera défait, les rhumatismes de celui-ci iront mieux, fit M. Pou en clignant d'un œil.

– Ce sera la fin de l'anarchie, reprit le bouddha, et je pourrai de nouveau diriger la Chine vers des destinées qui cesseront d'être douteuses.

Gnafron qui, certainement, n'était pas du parti de M. le Président du Conseil, se tourna vers moi :

– Quand *lui* aura trouvé sa place, tout ira bien. Voilà ce qu'il dit ! Et moi, Chinois, je suis forcé

d'entendre cela ! Non, monsieur ; c'est un lettré qui vous parle. Écoutez-moi. Rien ne sera changé. Et après, ce sera comme avant.

– Bien dit ! Gnafron.

Et nous nous retirâmes.

XV

POURQUOI M. POU REFUSE PÉREMPTOIREMENT DE M'ACCOMPAGNER À SHANGAÏ

M. Pou est congestionné. J'ai voulu l'emmener à Shanghaï.

Je lui ai dit :

– Nous avons huit jours devant nous, faisons le voyage.

Ma proposition lui a contracté le larynx. Il m'a répondu que je déraisonnais.

– Huit jours devant nous ? répétait-il d'un ton narquois. À Pékin ! À Pékin !

Alors je lui ai demandé :

– Pourquoi faire ?

Il est tombé sur une chaise, il s'est épongé le front et il m'a dit :

– Partez seul pour Shanghaï, moi je vole à Pékin !

– Pourquoi faire ?

M. Pou se dressa, retira ses lunettes, dégrafa le col de sa petite casaque, prit un peu d'air et lança :

– Pour me préparer, monsieur, à fuir dignement quand l'heure sonnera !

XVI

SHANGHAÏ

FOI D'HOMME libre, on ne peut passer cette ville-là sous silence. Quand tous les coins du monde seront devenus des Shanghaï, le monsieur ayant encore le goût des choses de l'esprit devra, sur-le-champ, acheter un revolver, le poser sur sa tempe, penser une dernière fois à sa famille, jouer à pile ou face, perdre et se brûler la cervelle.

Il est des cités où l'on fait des canons, d'autres des étoffes, d'autres des jambons. À Shanghaï, on fait de l'argent. C'est la matière première et dernière. Si l'on se promenait avec un panier et qu'on pressât le nez des passants, on rentrerait chez soi, fortune faite.

On m'avait dit qu'à Shanghaï on ne parlait que l'anglais. C'était un affreux mensonge. Tout alphabet y est inconnu. La langue de ce pays n'est pas une langue de lettres, c'est une langue de chiffres.

On ne s'aborde pas en se disant « Bonjour, comment allez-vous ? » mais : « 88. 53 – 19. 05 – 10. 60 ». Pour devenir millionnaire, inutile de savoir lire, savoir compter suffit.

C'est un veau d'or adipeux.

Si Lénine a vu Shanghaï, il est excusable !

C'est en Chine et ce n'est pas une ville chinoise. Elle enferme un million de Chinois, cela ne prouve rien encore. Ce million de Chinois ne fait pas plus Shanghaï que mille poux sur un poney ne font le cheval.

Vous connaissez les scènes de *delirium tremens* qui ont lieu à Paris sur les escaliers de la Bourse, au coup de midi. Dans chaque capitale respectable d'Europe et d'Amérique, on trouve un pareil établissement à l'usage des pauvres bougres, victimes de l'alcoolisme financier. Or, un jour, Mercure ayant obtenu le don d'ubiquité, tout essoufflé, apparut sur le parvis de ces temples et dit :

« Petits frères, faites silence, j'apporte une parole qui vaut son poids de platine. Je suis venu à telle allure que, si à la place d'ailes, j'avais eu des roues à mes talons, j'en aurais crevé tous les pneus. Bref ! je ne regrette rien car mon message est beau, écoutez : en Extrême-Orient, il est une ville s'appelant Shanghaï. Elle a devant elle les routes de toutes les mers et, dans son dos, quatre cents millions d'individus à faire boire, manger, jouer, à éclairer, à raser et à tondre. On l'ouvre au marché des Blancs. Avis. »

Ce fut une ruée. De New York, de Chicago, de Manchester, de Londres, de Lyon, de Hambourg, de Milan, d'Amsterdam, de Barcelone, de Constantinople, de Tokyo, de Bagdad, tous les gentlemen de banques et tous les sarafs de bazar se jetèrent, ventre à terre, sur la ville promise.

Ainsi naquit Shanghaï, de mère chinoise et de père américo-anglo-franco-germano-hollando-italo-japono-judéo-espagnol.

Banque, Bank, Banking, Banco. Dix, vingt, cent, deux cents. Il n'y a que cela ! Vous n'osez plus lever les yeux. Vous marchez vite, serrant votre portefeuille. Vous tournez à droite. Là, vous hasardez un œil : Banco, Banking, Bank, Banque. Vous défaillez, la sueur au front. Vous vous asseyez sur le rebord du trottoir. Mais on vous frappe sur l'épaule avec un bâton. C'est un grand démon d'hindou, uniforme bleu, turban rouge, barbe noire. Vous sursautez. Quoi ? dites-vous, serais-je aux Indes ? Indes ? Non ! Vous êtes dans la concession internationale. C'est le policeman anglais.

Je ne dois pas rester là. Je gêne le trafic. Bon, je m'en vais. Je marche. J'ai toujours peur pour mon argent. Je marche, les yeux à terre. Tudieu ! Voilà maintenant que c'est écrit sur le bitume, en mosaïque : Banking, Bank, Banque, Banco. Je cours. Mais un petit policier jaune m'accroche. Pour courir c'est que je me suis mal conduit. Du moins il le pense. Incroyable, dis-je, je suis revenu à Tokyo, sans m'en apercevoir. Non ! j'erre seulement dans

la concession japonaise. Je crie : « Vive le mikado ! » On me relâche.

Je vais. J'ai juste l'argent nécessaire pour continuer mon voyage. Si je ne sors pas de cette ville infernale, les banques vont me le prendre sous prétexte de me le changer. Je connais le jeu. Voilà six mois qu'elles me font le coup. Après je serai forcé d'en appeler à mon consul et il me rapatriera à fond de cale, comme les veaux frigorifiés. Pas de ça. Fuyons.

Bank, Banque, Banking, Banco. C'est trop. Je m'abats sur la chaussée. Je reviens à moi dans les bras d'un agent de police annamite, son petit abat-jour pointu sur la tête.

– Quoi ? criai-je, suis-je déjà à Hanoï ?

– Toi, pas Hanoï, toi Shanghaï, concession française.

– Merci, cher enfant du Tonkin. Maintenant, indique-moi un hôtel.

– Bon hôtel, pour toi, pas loin !

– Oui, mon frère, où donc ?

– Facile trouver. À gauche, entre deux banques.

Je m'effondrai, définitivement.

D'un bout à l'autre, Shanghaï a vingt kilomètres. Si vous ne vous rendez pas compte de ce que les fils de Sem et de Japhet ont pu construire sur ces terrains jaunes, c'est que vous ne serez jamais dignes de comprendre l'élégance d'un cube de pierre.

Au centre est New York, mais un New York qui voudrait crâner plus haut que la peau de son crâne.

Tout le long du quai du Whangpoo (et c'est long !), c'est Saint-Denis. C'est même Saint-Étienne : il n'y a pas trop de deux saints pour faire monter toutes ces fumées au paradis.

Voilà des jardins et des femmes pas plus hautes que ça et qui ont des bosses dans le dos. C'est le quartier japonais. La Japonaise, sitôt son enfant né, sans doute pour se venger, le porte par-derrière !

Plus loin, aux fenêtres, hommes et femmes dépérissent comme ces arbres qui n'ont plus de terre autour de leurs racines : la rue des réfugiés russes.

Voici la concession française. C'est la seule.

Les autres sont confondues dans la concession internationale. Deux cent mille Chinois vivent sous nos lois. Il y a un conseil municipal, tout comme à Pontoise et à Paris. Et un consul général, Auguste Wilden, que ses administrés de couleur appellent dans leurs lettres suivant le jour : « Votre Grandeur, Mon Colonel, Votre Sainteté, Votre Majesté, voire Mon Curé ».

Puis il y a la ville chinoise. Celle-ci, je la remercie d'avance. Elle assurera le bonheur de mes vieux jours. Je vais rentrer à Paris, je raflerai toutes les pinces à linge que je trouverai. Je reviendrai sur le Whangpoo et m'installerai à la porte de la cité indigène. Avant d'y pénétrer, tout le monde achètera mon petit instrument pour se boucher le nez. Je reviendrai milliardaire.

Maintenant, lâchez dans tout cela autant d'autos de luxe que vous imaginerez, des écuries entières

de poneys endiablés, des trams électriques sans rail, des légions de brouettes, trente mille coolies-pousses vous filant dans les jambes comme des lapins mécaniques, et vous pourrez servir chaud : vous aurez Shanghaï, exposition permanente des races, des mœurs et des tares du globe.

La piraterie, le jeu, les cocktails – un million de dollars – c'est le nom du cocktail de Shanghaï – l'opium, la morphine, la cocaïne, l'héroïne (préparez-vous, jeune et vieille garde de l'intoxication, Shanghaï va lancer l'héroïne) trouvent dans Shanghaï la ville de leur éternel printemps.

« Le soir vous aurez à déposer telle somme à tel endroit, sinon dans huit jours une bombe éclatera sous vos comptoirs. Si, à la place de l'argent, je rencontre des policiers, j'irai en prison, mais, par d'autres soins, deux bombes au lieu d'une vous seront réservées. »

C'est la circulaire hebdomadaire du larron chinois aux banques, bank, banking, banco.

Shanghaï n'a qu'une pensée : le jeu. Le patron joue à la hausse ou à la baisse. Le boy joue au *Mat-Hiang*, le coolie joue sur ses doigts. La somme ne fait rien à l'affaire. L'un hasarde dix mille taëls, l'autre un sapèque, mais comme les chrétiens à la Sainte Table : tous sont égaux. Le maître entre jouer sur le comptoir d'une banque, le chauffeur l'attend en jouant sur le trottoir. Quand ils remontent en auto et qu'ils ont gagné tous deux, ne vous trouvez

pas sur leur chemin. La voiture file, ivre de joie. Ils écrasent tous les chiens.

Mais on en devient fou. Et la folie, à Shanghaï, se traduit par une manifestation peu connue.

Ces malheureux Shanghaïens ont fait confectionner des voitures dont le marchepied est juste à la hauteur des trottoirs. Dès le matin, ils sautent dedans, restent debout et le poney part, bride abattue. On n'entend plus sur le bitume que le sabot courageux de la petite bête. Tous les deux cents mètres, le cheval, devenu mécanique, s'arcboute sur ses pauvres jarrets de derrière. La voiture s'arrête d'un coup. L'homme bondit dans une banque. Il en sort et rebondit dans la voiture. Il fait ça de neuf heures et demie à midi et de deux heures à quatre heures, au triple galop, debout, toujours debout !

On m'a dit que ce n'étaient pas des fous mais des « brokers » : courtiers de change. Je n'en crois rien car le lendemain j'ai bien regardé et j'ai vu que c'étaient des fous.

Quand le soir tombe, ces gentlemen endossent le smoking et vont au cercle sportif, danser. À l'heure troublante du tango, on éteint les lumières. Peine perdue ! Leur tatouage apparaît quand même : ils ont tous un dollar sur le front !

XVII

UNE FÊTE QUI FINIT BIEN

À HUIT HEURES, ce soir, je rentrais à Pékin. Le palace qui avait l'avantage pécuniaire de m'héberger avait changé de face. Halls, salons, escaliers étaient livrés au carnaval. Les Chinois étaient habillés en Européens et les Européens en Chinois. Toute la haute volée de Pékin, le sourire des jours légers sur la figure, descendait d'autos et de rickshaws. Cela se saluait du salut des gens qui se sont rencontrés le matin et se rencontreront le lendemain. On y voyait ce que la colonie étrangère compte de têtes huppées. Ministres, secrétaires et attachés de légation des cinq parties du monde venaient chercher là un plaisir bien gagné. De grandes dames – les leurs – avaient bien voulu pour un soir servir de mannequins aux plus riches costumes mandchous. Les hommes, pour la plupart, n'étaient déguisés qu'en pingouins : frac et plastron blanc. On s'écrasait galamment devant le vestiaire,

ce qui permettait aux nombreux amateurs de peaux officielles de respirer épaules et épines dorsales américaines, françaises, anglaises, italiennes, portugaises, péruviennes et argentines. La joie flottait comme un fanion. Et déjà un orchestre russe et un barman hollandais versaient à cette société une ivresse distinguée.

La guerre allait éclater.

L'ascenseur me porta à mon 518.

M. Pou, les pieds ne touchant pas le plancher, remplissait jusqu'aux bords le plus confortable de mes fauteuils. Il lisait. De quel droit ce Chinois violait-il mon domicile ? J'allais le savoir.

– Avec votre permission, me dit-il, je me suis mis à l'abri chez vous. J'aurais préféré l'hôtel des Wagons-Lits, mais vous n'avez pas voulu déménager. Enfin ! votre lit est bon.

– Alors vous couchez là, aussi ?

– Depuis cinq jours.

– Vous étiez mon interprète et vous voici maintenant ma concubine ?

– Avec votre permission.

– J'ai vu beaucoup d'interprètes, monsieur Pou, au cours d'une vie qui n'est pas sans reproche, mais topez là, voici ma main, vous, je vous adore.

– Je lisais, dit-il, *La Dame de Monsoreau.* Avez-vous l'honneur de connaître M. Alexandre Dumas ?

– C'est mon meilleur ami. Il va très bien.

– Peut-être habitez-vous le même quartier à Paris ?

– Pas encore, monsieur Pou, mais cela viendra.

– Allons ! tant mieux !

– Comment vont les choses à Pékin ?

– Tsang-Tso-lin approche, Wou-Pé-Fou aussi. La peur est partout, la panique rôde.

On descendit. La fête commençait. Des lanternes multicolores doublaient depuis tout à l'heure les ampoules électriques. C'était un grand dîner masqué et costumé. Quand l'orchestre russe se reposait, dix musiciens philippins attaquaient. On n'en était qu'au potage et le champagne était roi. Des bravos soulignaient l'apparition des costumes les plus dérisoires. Ce contrebandier était le directeur anglais des douanes chinoises et ce coolie le représentant américain de la *Standard-Oil.* Des banquiers avaient emprunté à leurs domestiques la natte que ceux-ci, depuis la Révolution, conservaient dans un tiroir. Il y eut une entrée en rickshaw. Le mari, un ingénieur belge, déguisé en pousse-pousse, traînait sa femme vêtue d'un manteau de la Cour céleste. Une douairière endiamantée croulait dans sa robe comme une bombe glacée sur un réchaud à gaz. Les Européennes qui avaient les cuisses bien faites se pavanaient dans le pantalon national. La plus belle, une Russe, qui, depuis six mois, vivait de sa beauté au deuxième étage du palace, arriva seule comme toujours mais cette fois dans le costume de l'illustre impératrice Tsheu-Hi. Sa venue fit le silence. Et, à cette minute, dix hommes que l'on aurait pu nommer se dirent

chacun à lui-même : cela me coûta cher mais quel succès !

Au gratin international s'était joint le gratin chinois. On voyait la fameuse princesse... métisse remarquable, à la fois égérie de la République et dame de cœur chez l'empereur. Le général Gaute, ce caporal danois, était là dans son uniforme de gouverneur volontaire de Pékin. Le *Wai Chiao Pu*, le ministère des Affaires étrangères, avait envoyé des délégués afin de prouver aux représentants internationaux que le pouvoir central de Chine n'avait pas encore complètement déguerpi. Je vis ce misérable chef de la police de qui je vous ai dit les malheurs. Il avait manqué d'esprit, n'étant pas déguisé en voleur.

Ces Célestes regardaient, sans sévérité, l'enfantine mascarade. Ce soir ils n'étaleraient pas leur xénophobie. S'ils étaient accourus à cette fête, ce n'était non plus pour danser. L'angoisse les y avait poussés. En effet, sur le front de chacun d'eux, si toutefois un système électrique semblable à celui des réclames lumineuses eût fonctionné dans leur cerveau, on aurait pu voir, à cette heure, apparaître alternativement tantôt en rouge, tantôt en bleu, ces deux noms qui les terrifiaient : Tsang-Tso-lin ! Wou-Pé-Fou !

L'occasion pour eux était providentielle. Ils allaient pouvoir se rappeler au souvenir des ministres plénipotentiaires. J'entendais déjà ce haut dignitaire de la République-Empire glisser à l'oreille

d'un diplomate européen : « Si le sort nous est de nouveau cruel, puis-je compter sur un tout petit coin dans votre légation, Excellence ? » Mais l'Excellence était occupée avec une lady, et lui disait justement : « J'étais le meilleur cavalier du royaume, madame. Quand je n'étais encore que secrétaire d'ambassade à Rio... » Alors le pauvre Chinois s'en alla.

Un fossé séparait les deux races. Il y coulait ce soir de la musique, du champagne, des promesses d'amour, de l'égoïsme, qui est commun à tous les peuples de la terre, et de l'angoisse souriante. Sous les mêmes lampions de fête les Jaunes tremblaient et les Blancs dansaient. Les Blancs ne craignaient pas de revoir les Boxers. Le jeu, cette fois, n'était pas le même qu'en 1900. Les Chinois, pour l'instant, n'en voulaient qu'aux tripes des Chinois. Un jour est proche où ils ouvriront de nouveau le ventre des Blancs, mais ce jour n'est pas aujourd'hui. Alors, frères, dansons la pékinoise !

À cet instant, un boy fendit la mascarade. Il était porteur d'un instrument que je veux vous décrire. L'instrument consistait en un manche à balai qu'il tenait devant lui, droit comme un cierge. Au bas du manche était fixé un timbre électrique. Le boy actionnait ce timbre avec passion. Le sommet du manche était fendu. Dans cette fente, inséré, un gros numéro. Cela signifiait qu'une communication urgente venait d'arriver à l'hôtel pour le client dont la chambre répondait à ce numéro.

M. Pou sursauta. « 518 ! dit-il, c'est nous ! »

C'était une dépêche. Il y avait dessus : « Merci. On m'a rendu quatre-vingt-dix louis et ma liberté. Adieu. Galka. »

– Tsang-Tso-lin n'a gardé que dix pour cent comme pourboire, c'est régulier, fis-je.

– Quoi, s'écria Pou, que dites-vous de Tsang-Tso-lin ?

– C'est une dépêche de Moukden.

– Moukden ? Il a quitté Moukden ?

M. Pou s'agitait, pris subitement de grandes douleurs d'entrailles.

– Il arrive ! criait-il. Il est là !

Une idée humanitaire illumina mon esprit.

– Pou ! dis-je, réjouissons-nous. Tsang-Tso-lin renonce à sa guerre. Il rappelle ses troupes qui déjà étaient à Tient-Sin. Et tout est fini avant d'avoir commencé.

Gnafron porta la main à son cœur :

– Il rebat ! dit-il.

– Pas d'égoïsme ! Voyez vos compatriotes comme ils sont dignement terrifiés. Courez dans ce Mardi gras. Répandez la nouvelle. Dites qu'elle est officielle. La joie doit être unanime !

Ce fut fait instantanément. De loin, Pou me montrait comme la preuve vivante de la délivrance. Et moi, victorieux, je brandissais ma dépêche. Tous les Chinois furent bientôt autour de ma table. Un secrétaire de la Belgique accourut à son tour. C'est

bien possible, disait-il. Possible ? répliquais-je, c'est certain !

Les Chinois me serrèrent frénétiquement la main et partirent au buffet en gambadant.

La fête s'acheva dans l'allégresse générale.

XVIII

PETIT SAUVE-QUI-PEUT

LE LENDEMAIN matin, tous les journaux annonçaient l'imminente catastrophe. Tsang-Tso-lin avait achevé la concentration de ses troupes et lui-même quitté Moukden. Il allait marcher sur Pékin. Wou-Pé-Fou courait à sa rencontre.

Le dragon, fils de la peur, cavalcadait dans le ciel pékinois. Il passait en sifflant, du moins les indigènes le prétendaient-ils. Voyons ! leur disais-je, si le dragon sifflait, étant donné que mon tympan est en excellent état, j'entendrais siffler le dragon. Je n'entends rien.

– Chââââ ! Chââââ ! glapissaient les boys de l'hôtel.

– Quoi ? Chââââ ! Chââââ ! Avez-vous fini ce tapage dans le couloir ? Et pourquoi courez-vous tous depuis un moment comme si vous aviez reçu un clystère de poil à gratter ? Portez-moi plutôt mon café au lait.

– Tsang-Tso-lin ! Tsang-Tso-lin !

– Quoi Tsang-Tso-lin ? Où est-il ? Dans l'hôtel ?

– Chââà ! Chââà !

– Allô, le manager ? C'est vous qui êtes en bas ? Savez-vous que vos boys mènent un sabbat à mon étage ?

– Client ! répondit le manager, dès ce moment tout est perdu. La débandade commence. Sauve qui peut !

XIX

UNE CONVERSATION INATTENDUE

Le vent jaune, soufflant du désert de Gobi, ajoutait à la folie. Cependant, vers le coup de cinq heures, cette tempête sèche ayant obligeamment arrêté sa course, je pus aventurer, sans risquer de mordre la poussière, mes pas et ma physionomie dans les *houtongs* apoplectiques de Pékin.

Le docteur Yen, président du Conseil par intérim et ministre des Affaires étrangères par bonté d'âme, m'attendait au *Wai Chiao Pu*.

Quand j'arrivai à l'entrée de cette illustre demeure d'État, les deux dragons qui ressortaient, en verre dépoli, sur les glaces de la porte, frétillèrent de leur queue de serpent et je ne tardai pas à m'apercevoir qu'ils échangeaient entre eux un court dialogue :

– Mon cher, disait à celui de gauche le dragon de droite, n'est-ce pas un visiteur qui nous vient ?

– On le dirait, fit l'autre.

– Alors, puisque voici venir un visiteur, c'est que notre ministre n'est pas un fantôme, comme l'ose prétendre la rumeur des hommes ?

– La raison parle par ta langue de vipère, répondit le dragon de gauche. Aussi, je me sens tout ragaillardi.

Et tous deux, à mon passage, essayèrent de friser leur petite moustache, mais leur patte à griffes de lion ne fut pas assez longue.

J'étais dans l'antichambre. Elle résonna sous mes pas telle une caverne inhabitée et les murs, contents eux aussi de revoir un être en marche, me renvoyaient, comme pour m'inciter à jouer, l'écho de mes talons sonores.

Des boys surgirent. Ils volèrent étonnés autour de moi. Mais je vis bien qu'ils ne me prenaient pas pour un personnage réel.

– Monsieur le docteur Yen, président du Conseil par intérim et ministre des Affaires étrangères, quand même ! criai-je d'une voix assez forte pour leur prouver que je n'étais pas un sylphe.

Ils se frottèrent les yeux et prirent mon pardessus jaune, mon chapeau gris et ma canne noire. Un grand vestiaire étalait sa rangée de trois cents numéros. Il était vide. Au numéro 211, ils mirent le pardessus ; au 213, le chapeau et ils posèrent la canne horizontalement pour qu'elle occupât à elle seule les 214, 215 et 216. Les serviteurs paraissaient si satisfaits de pouvoir enfin jeter quelque

pâture à ces porte-manteaux que, fouillant dans ma poche, j'en retirai un cache-col.

– Tenez ! fis-je.

Ivres de joie, les boys accrochèrent le foulard au 217. Ainsi, à moi seul, tenais-je lieu de six visiteurs.

Et toute la valetaille, comme si j'avais été allongé dans un cercueil et qu'il eût fallu huit hommes pour le porter, grisée par l'aventure, m'introduisit chez Son Excellence.

– Vous avez voulu me voir ? fit le docteur Yen, d'une ravissante humeur.

L'homme d'État quitta son fauteuil ministériel et vint s'asseoir près de la fenêtre, sur un strapontin.

– De la sorte, dit-il, marquant la nuance d'un coup d'œil, ce sera plus exact.

Je lui dis :

– Je craignais, monsieur le Ministre, de ne pas arriver à temps. Depuis vingt jours, la première nouvelle qui me réveille est celle de votre démission. Vous devez la donner tous les soirs à six heures. Heureusement, il n'est que cinq heures un quart, il nous reste quarante-cinq minutes...

Le docteur Yen, dont les yeux encadrés d'écaille nageaient dans le contentement, expliqua :

– On croit, communément, que le plus difficile, dans des carrières comme la mienne, c'est de devenir ministre, hélas ! monsieur, c'est de cesser de l'être. Si vous m'apportez un moyen de me tirer d'embarras, ma reconnaissance vous suivra éternellement.

– Eh ! fis-je, si vous partez, que restera-t-il ?

– C'est bien la question. Le « chiendent » est de trouver un successeur. Ce n'est pas que j'aie énormément à faire, cependant je suis toujours le gouvernement central (il s'efforçait de ne pas trop sourire). Je ne suis pas tout seul. J'ai, paraît-il, deux ou trois autres ministres qui sont encore à leur poste. Le ministre des Finances, par exemple, du moins me l'affirme-t-on. Au fait, ne pourriez-vous pas me dire où se trouve exactement mon ministre des Finances ? J'en aurais le plus pressant besoin. Ne l'avez-vous pas rencontré dans l'un de vos voyages ? Qu'il soit à son poste, je n'en doute pas, mais où a-t-il transporté son poste ? Voyez-vous, monsieur, ce qui se passe présentement en Chine... À propos, y comprenez-vous quelque chose ?

– Pas un mot.

– Moi non plus. Je vous disais donc que ce qui se passe en Chine tient plutôt du phénomène céleste que de la politique. Un pays n'est pas un individu comme moi, comme vous, c'est une grande chose avec un passé, un avenir. Or, ce passé et cet avenir sont intacts ou presque. Tenez, nous sommes à la période du vent jaune. Le vent jaune n'est pas Pékin. Pékin, onze mois de l'année, connaît le plus beau ciel d'Asie. Chacun vous le dira. Mais voilà ! une fois par an, vient le vent jaune. Que pouvons-nous contre le vent jaune ?

– Rentrer chez soi.

– Vous l'avez dit. En politique souffle à cette heure un autre vent jaune. Et c'est pourquoi vous comprendrez (ses yeux riaient sur toute leur largeur) que je me sente réellement fatigué et que je désire rentrer chez moi. Mais je veux revenir à ma Chine. Ce n'est pas un pays, monsieur, c'est un continent. C'est plus grand que votre Europe tout entière. Quatre cents millions de concitoyens ! Voyez quel mal vous avez pour vous entendre à cet autre bout du monde. Que faites-vous ? Vous patientez. Patientons aussi. D'autant que dans notre cas c'est un malheur pour un seul peuple : le nôtre. Nous nous déchirons, mais en famille. Nos chiens sont subitement devenus des loups, mais n'ont pas quitté leur ferme. Des satrapes mettent simplement de l'argent dans leur poche. C'est un militarisme domestique.

– Savez-vous que j'ai vu Tsang-Tso-lin à Moukden ? Quel beau bandit ! C'est le plus magnifique de ma collection.

– Chut ! fit M. le docteur Yen, président du Conseil par intérim et ministre des Affaires étrangères par résignation, parlez plus bas, les avant-gardes de M. le maréchal Tsang-Tso-lin ne sont plus qu'à trente kilomètres de ce bureau. Et s'il n'y a que moi pour les arrêter !... L'autorité, continua-t-il, est bouleversée. Je ne saurais vous le cacher. Sans doute, aussi, règne une absence de discipline. Les soldats n'appartiennent plus à l'État mais à des particuliers. Nous sommes une

République parlementaire mais nous n'avons plus de parlement. M. le Président du Conseil est en congé à Tient-Sin, sur la concession française, où, paraît-il, l'air est salubre, et cela depuis cent deux jours – cent deux jours ! répéta le docteur Yen, veinard ! Mes autres collègues, pris subitement d'un urgent besoin de déplacement, se sont dispersés aux quatre coins de l'horizon pour écrire des poèmes sur toutes les faces de la lune. Le pays est riche. Notre monnaie vaut plus du triple d'avant-guerre. L'or sonne dans tous les goussets des vide-goussets, mais le *gouvernement*, que j'ai l'honneur de représenter *in extremis,* n'a plus une sapèque. (Prêtez-moi donc une allumette, fit incidemment le ministre.) Les fonctionnaires ne montent plus chaque matin à leur travail, mais à l'assaut de nos caisses vides. Le Sud dit que le Nord n'est pas légitime, et le Nord, c'est moi ! L'Est, que représente M. le maréchal Tsang-Tso-lin, menace par-dessus ma tête d'anéantir le centre, que gère M. le maréchal Wou-Pé-Fou. Le vent jaune s'en mêle ! Bref, pour l'heure, le système est légèrement dérangé.

Un chat surgissant d'un meuble bibliothèque se mit à miauler comme sur un toit. Le président du Conseil lui parla en chinois ; le chat réintégra sa bibliothèque.

– Cependant, monsieur, souvenons-nous. Un gouvernement, comme vous ou moi avons l'habitude de l'entendre, est-il, en général, aussi indispensable

que cela au bonheur des États ? La Chine, pour son compte, a toujours eu très peu de gouvernement, et, j'ose le dire, cela ne lui causa jamais de notables malheurs. En 1900, par exemple, quand feu Sa Majesté l'Empereur...

– Que ses mânes ne rôdent pas insatisfaits hors de leur cercueil, fis-je.

– Merci. Quand feu Sa Majesté l'Empereur, devançant dans leur goût de voyage mes honorables collègues d'aujourd'hui, quitta Pékin, la Chine, qui avait perdu du même coup tout pouvoir central, ne cessa pas d'exister. N'êtes-vous pas frappé, actuellement, par l'ordre particulier qui règne dans le désordre général ? Voyez le peuple. Sait-il qu'il n'y a pas de gouvernement ? S'occupe-t-il du Nord ou du Sud ? Que je brûle du désir de donner chaque matin ma démission cela l'empêche-t-il de trouver la même saveur à son riz ? Les marchands de lanternes composent toujours des lanternes, les garçons continuent de lutiner les filles et les coolies de tirer les rickshaws.

Le vent jaune, qui avait repris, plaquait son épouvantable poussière contre les carreaux qui crissaient.

– Avez-vous des lunettes, monsieur ?

– Si elles peuvent vous faire plaisir, Excellence, les voici.

– Gardez ! Par hasard, j'en ai. C'est pour vous, quand vous sortirez.

Le docteur Yen jouait joyeusement. S'il parlait le français avec lenteur ce n'était pas pour rassembler

ses mots mais pour mieux goûter la récréation qu'il s'accordait. Il fait partie de ces Chinois dont l'esprit vaste comme leur empire offre tous les tons de l'intelligence.

– En France, monsieur, croyez-vous au sort ?

– Guère au-delà de l'affaire de prendre ou de ne pas prendre le train un vendredi 13.

– Ce n'est pas suffisant. Je comprends dans ce cas que vous ne puissiez vous passer de gouvernement. En un mot, vous vous livrez aux pauvres hommes que nous sommes. Votre conviction est que rien ne se peut régler sans nous. J'aime cette confiance en des moyens humains. Elle doit vous être d'un haut secours moral et soutenir vos hommes d'État dans l'accomplissement de leur dur devoir éphémère. Pour nous, Chinois, le Destin compte davantage. C'est ce qui vous explique la situation actuelle de la République du Céleste Empire. Les hommes sont si pondérables et le mystère de l'infini si impondérable ! Agir ? Quand l'inconnu décide de temporiser ? Vains mouvements de la part de nos membres ! De même que la mer monte et se retire, que la lune paraît et disparaît, toujours la paix succéda à la guerre et toujours le châtiment suivit le crime. Nous croyons à la loi de redressement et de punition. Ces messieurs, M. le maréchal Tsang-Tso-lin et M. le maréchal Wou-Pé-Fou, nos maîtres d'aujourd'hui, sentent fort justement, j'en suis sûr, que tout ce qui jette du feu n'est pas du diamant. Ils savent

que les hommes, même devenus des chefs, ne sont pas libres, et qu'à la fin les dieux décident. C'est pour cela, n'en doutez pas, que rien ne les presse de résoudre ce que vous appelez, dans votre Occident, le chaos chinois et, qu'escomptant l'intervention surnaturelle qui ne peut manquer de se produire et peut-être de les sauver, au lieu d'en finir, ce qui serait fragile, ils se contenteront de s'entamer, ce qui est durable et plein de possibilités.

La pendule du cabinet sonna six coups.

– Six heures ! fis-je, sursautant. Vous n'allez pas donner votre démission, monsieur le Ministre, vous ne ferez pas cela devant moi ?

– Ne craignez rien. Vous aurez le temps de vous retirer, ma pendule avance de dix minutes !...

XX

GRAND SAUVE-QUI-PEUT

Dans la nuit, sur le coup de quatre heures du matin, j'entendis comme un bélier qui aurait battu la porte de mon 518. Une voix à bout de souffle criait :

– C'est moi ! Ouvrez ! Tsang-Tso-lin !

– Tonnerre ! voilà Pou.

– Tsang-Tso-lin ! Wou-Pé-Fou ! Ouvrez-moi ! C'est commencé ! Ils sont là !

– Allez-vous-en ! Ne revenez qu'à dix heures ou je vous règle votre compte !

– C'est réglé ! L'armée arrive.

– Laquelle ?

– Je ne sais pas : la mauvaise !

– Adieu ! Laissez-moi dormir !

– Le canon ! Écoutez le canon !

J'entendais la manœuvre de l'ascenseur, des portes qui claquaient, une course sourde de pieds

nus dans les couloirs, puis un grand fracas qui semblait être la chute d'une malle descendant seule les étages.

J'ouvris. Les lunettes de Pou étaient bien sur son nez, mais de travers. Sa figure ressemblait à un capot d'auto qui aurait reçu un choc : les phares n'étaient plus sur la même ligne. Et son ventre battait autant que son cœur.

– Je vous suis à la légation de France ! Je vous suis.

– Ce n'est plus l'heure de faire Gnafron, monsieur Pou ! Vous irez où l'on vous dira d'aller. Votre peau n'est qu'une peau, n'est-ce pas, mon vieux, et de plus j'en réponds !

– Vous répondez de moi ?

– Oui.

– Et de ma femme ?

– De votre femme, de votre concubine, de vos belles-mères et de toute la basse-cour.

– Je vais la chercher.

– Qui ?

– Ma concubine.

– Où est-elle ?

– En bas !

– Qu'est-ce qu'elle fait ?

– Elle tremble !

– Faites-lui toujours servir une tasse de thé. Ça la réchauffera.

Pou ouvrit la fenêtre, se haussa sur ses doigts de pieds et regarda dans la rue. C'était une nuit de

clair de lune : au loin, le toit en rotonde du temple du Ciel.

– Regardez ! Tous se sauvent !

C'était vrai. L'avenue grouillait de Chinois en fuite.

– Où vont-ils ?

– Se cacher. Faisons comme eux. Dépêchons-nous. Ce n'est pas de la peur, c'est de l'expérience. C'est l'année du Chien. Nous sommes aujourd'hui même en ce deuxième jour de lune, sous l'influence de l'étoile Nicou. Et l'étoile Nicou, c'est le Bœuf !

– Et vous, vous êtes un âne.

– Et vous un barbare du pays blanc ! Rien n'est mauvais comme le signe du Bœuf ! Faste ou néfaste ? La vie est là. Aujourd'hui c'est néfaste et tous les dieux sont en colère !

Dans les rues, c'était étourdissant. Affolés, Chinois et Chinoises se précipitaient de tous côtés. Ils battaient les murailles, ils faisaient penser à ces grosses mouches, prisonnières dans une chambre, et qui, sans comprendre le mirage du verre, se heurtent aux carreaux, obstinément.

Pékin était devenue un immense *Magic-City*. Les Célestes montaient, descendaient, s'entrechoquaient, patinaient, fonçaient, hurlaient, jetaient des matelas par les fenêtres, cassaient des assiettes, tiraient des femmes, des enfants et des coups de fusils ! Ils chargeaient sur leur dos des armoires, des lits. Tous les véhicules nationaux étaient sortis des hangars. Les rickshaws fendaient la foule.

Les chaises à porteurs houlaient, les brouettes gémissaient. Dans la panique, on avait attelé les chameaux aux voitures à bœufs, les bœufs aux voitures à ânes, les ânes aux voitures à bras. Sur l'épaule, les bambous porteurs pliaient sous des poids écrasants. On fuyait à cheval, en voiture, et sur des vélocipèdes. Les chiens fidèles et essoufflés essayaient de suivre le derrière en feu de leurs propriétaires. Sur les ailes des toits miaulaient les chats. Lorsque Sodome et Gomorrhe brûlèrent, on ne vit pas, vers la sortie, pareille bagarre !

Ils s'appelaient. Ils s'insultaient. À sept heures du matin, on entendit distinctement le canon. Le peuple de Pékin arrêta soudain sa course, s'immobilisa et glapit. Tsang-Tso-lin ! Tsang-Tso-lin ! C'était la même intonation de frayeur qu'aurait certainement Lucifer s'il apercevait de nouveau sur sa gorge la lance de l'archange saint Michel !

M. Pou tremblait dans sa casaque. Il avait enfermé sa concubine dans mon 518. Vous pensez qu'il ne me quittait plus ! Il reniflait depuis un grand moment.

– Que sentez-vous ?

– La poudre !

Pékin n'est que murailles qui s'emboîtent : muraille extérieure, muraille intérieure, muraille de la Cité interdite, muraille de la ville diplomatique où chacune des légations est elle-même entourée d'une muraille. Est-ce de se savoir ainsi emmuré que ce peuple entrait en folie ? Dans la

coque d'un sous-marin qui coule, l'équipage n'est-il pas la proie d'une semblable panique ?

Débouchant de la ville tartare, de la ville chinoise, de la ville jaune, la foule déchaînée débordait de partout. Des cris aigres s'élevaient au-dessus du vacarme : c'étaient ceux d'enfants égarés dans ce sauve-qui-peut éperdu. J'en ramassai une dizaine que je mis de côté sur un coin du trottoir. Ils n'y restèrent pas longtemps. La populace balayait tout.

Des Chinois sautaient dans les rickshaws vides. Les coolies laissaient partir les brancards vers le ciel, les clients basculaient par-dessus la capote et les coolies poursuivaient leur fuite.

Les trois guichets d'entrée du quartier des légations étaient définitivement engorgés. Arrêtez-vous ! avait-on envie de crier à ces insensés, vous savez bien que le quartier est petit. Vous allez le faire éclater. Et, à moins que l'on ne vous coupe la tête, comme aux sardines, vous ne pourrez y tenir tous.

Ils s'y ruaient.

L'hôtel des Wagons-Lits était inénarrable. J'enfonçais mon mouchoir jusqu'au fond de mon gosier pour ne pas éclater de rire sous le canon. Le manager hurlait :

– Ils sont déjà trente-sept dans chaque chambre.

– Qu'importe ! suppliait le Chinois, ce sont mes amis et je paierai comme si j'étais tout seul !

– J'espère bien ! répliquait le tenancier qui, grisé par le succès, lançait à la caisse : trente-huit personnes au 80 ! Trente-huit !

Les escaliers étaient envahis comme les tribunes de Longchamp le jour du Grand Prix et déjà le toit se garnissait !

Pou s'écriait : « Qui avait raison ? Qui connaissait son pays ? » J'entraînai mon homme par la manche. Nous sortîmes des légations par le côté de Chien-Men. Au pied de cette porte de triomphe est une antique niche où les dieux qu'on vénère sont quelque chose de très puissant. D'habitude, les Chinois s'arrêtent devant ce lieu. Aujourd'hui, les dieux pouvaient crever !

On donnait l'assaut aux banques. On ne venait rien réclamer : au contraire ! On apportait son argenterie, ses coffres, ses objets d'art, ses bijoux, ses soieries, ses valeurs, ses poux. Beaucoup attendaient, leur femme contre eux. Venaient-ils la déposer aussi ?

Ils fuyaient. Les uns avaient des bouddhas entre les bras. D'autres sauvaient des paravents, des lanternes, des nattes enroulées, des cassettes, des potiches. On voyait des pipes à opium qui dépassaient d'une poche de la casaque. Et des nouveau-nés, accrochés dans le dos des mères, dansaient le pas effréné de la débandade.

Des soldats – à qui appartenaient-ils ? qui les payait ? – fusil sur l'épaule, roulaient, eux aussi, au gré du torrent.

C'était une belle cacophonie. Tous parlaient.

– Que disent-ils, Pou ?

– Rien.

À Chien-Men, à Hata-Men, à la Tartarie, derrière la ville jaune, partout, le spectacle se répétait. On ramenait les volets, on bouclait les portes, on enfermait les canards, on arrachait les légumes, on abandonnait les cercueils.

À dix heures, sortirent les premières éditions extraordinaires des journaux. On se jeta dessus.

Pou tenait les feuilles et tremblait, le nez dans les nouvelles.

Les neuf portes majestueuses de Pékin avaient clos leurs vantaux. Derrière chacune d'elles on pouvait voir une centaine de mercenaires. Le docteur Yen n'avait pu mieux faire. Mille argousins, voilà de quoi se composait l'armée officielle de la Chine. Encore, depuis longtemps, ces gens d'arme n'étaient-ils point payés. Aussi l'héroïque docteur Yen dut-il en appeler hier soir au corps diplomatique. On consulta le grand financier international : le directeur des douanes, un Anglais. L'Anglais, dans ce cas urgent, permit que le « gouvernement » chinois puisât dans la caisse de la gabelle. On régla l'arriéré des carabiniers, on leur fit l'avance d'un mois de solde et on leur offrit à boire. L'imprévu d'un tel traitement eut les meilleurs effets sur cette troupe réglementaire. Elle voulut bien prendre la garde, et même, dans son enthousiasme, elle promit de ne pas ouvrir elle-même les portes de Pékin aux pillards de Tsang-Tso-lin !

Vers onze heures, nos pas nous ramenèrent près de l'hôtel de Pékin. On entra. À peu de choses,

cela valait la vue de l'hôtel des Wagons-Lits. Au bar Nachbaur prenait déjà ses quotidiennes coupes de champagne. Il se tapait sur la bedaine et disait : « Vive le citoyen chinois ! » Deux cents épileptiques l'interrogeaient comme un oracle : « Quelles nouvelles, M. Nachbaur ? » Le confrère tirait sa montre : « Onze heures ! faisait-il. À midi, Tsang-Tso-lin sera ici. » Les Chinois pépiaient.

– Allons, ne vous désolez pas. Vous avez à vos portes mille policiers payés d'hier et huit mitrailleuses, vous trouvez que cela n'est pas suffisant ?

– Non, monsieur ! Huit mitrailleuses, ce n'est pas suffisant.

– Et pourquoi, messieurs ?

– Parce que Pékin a neuf portes, monsieur !

On entendait toujours le canon.

À trois heures de distance, un journal anglais annonça la mort de Wou-Pé-Fou, le tigre aux dents de feu (il avait des dents en or) et celle de Tsang-Tso-lin, le lion sans crinière (il était tondu).

La panique devint échevelée.

Les églises catholiques croulaient sous des masses d'incroyants pour qui les coups de canon avaient eu la vertu du baptême. Il fallut fermer les grilles de l'hôpital Rockefeller et celles de l'hôpital français, sans quoi les malades en traitement eussent été étouffés sous la ruée. Je vis les petites chanteuses fardées de Chien-Men qui, jusqu'ici, avaient tenu ferme, passer tel un vol d'oiseaux du paradis

et se réfugier chez les Sœurs de la Miséricorde. À quatre heures, le même journal anglais sortit une autre manchette : Wou-Pé-Fou allait bien, Tsang-Tso-lin aussi, mais déjà des escadres étrangères s'embossaient rivière de Tient-Sin !

Ce fut de l'hallucination. M. Pou lui-même n'écouta plus que la frousse. Il courut comme un voleur et s'engouffra dans l'immeuble de l'YMCA.

– Quoi ? lui criai-je, vous êtes devenu protestant ?

Il avait déjà disparu.

Je revins à l'hôtel. L'ascenseur n'était ni en bas, ni aux étages, ni en haut. Les boys l'avaient arrêté entre le troisième et le quatrième. Ils étaient quatorze tassés là-dedans depuis le matin – pour que Tsang-Tso-lin ne les découvrît pas !...

J'entrai chez moi. Deux petits pieds grelottants dépassaient sous mon lit. C'étaient ceux de la concubine à Pou !

XXI

DEUX CORRESPONDANTS DE GUERRE

Il n'était que sept heures du matin. L'auto roulait dans un pays qui n'avait pas dormi. On voyait par les champs des fuyards ahuris. Loin du combat, la panique est bavarde. Elle est muette près du feu. Par-ci, par-là, au bord de la route, un cercueil attendait que les dieux voulussent bien désigner le lieu favorable à l'inhumation. Toute la campagne semblait étreinte par de l'angoisse.

Cette atmosphère, je la connaissais. Elle était celle des alentours de champs de bataille. Le ciel était bas, comme s'il s'était penché sur la terre afin de regarder jusqu'où les hommes vont dans l'abîme.

C'était la province du Tchély.

Je ne savais pas trop où je me rendais, les batailles n'ayant de nom que lorsqu'elles sont terminées. De temps en temps, le chauffeur se retournait, demandant ce qu'il fallait faire. Je lui répondais : « Allez ! »

On n'entendait rien.

Je suivais la ligne de chemin de fer Pékin-Tient-Sin. Le combat se livrait sur cette voie. Je finirais bien par tomber sur lui.

Je lisais ma carte. Ce village où j'arrivais devait s'appeler Hiang-Che-ting. Il était désert, les portes des maisons ouvertes. On avait fui sans se retourner. Il ne restait qu'un chien qui nous regarda.

De gros caractères chinois étalaient sur les murs leur pâte d'encre, fraîche encore. L'interprète me dit que cela signifiait : « Fuyez ! » Les caractères avaient été posés un peu haut et le chien n'avait pu lire !

Dans l'une de ces maisons abandonnées, une veilleuse brûlait devant les tablettes de la famille. Il ne restait de l'huile que pour une heure au plus.

On n'entendait toujours rien.

Je continuai. Cinq ou six lis plus loin, une masse noire. C'étaient plus de cent Chinois et Chinoises. On arriva sur eux. Un bœuf traînait un antique char rempli des hardes communes. L'auto effraya la bête qui voulut gagner le champ. Le char bascula sur les bas-côtés. Cette dernière fortune qu'ils avaient sauvée traînait maintenant dans la boue.

– Où est-ce ? fis-je demander.

Ils montrèrent que c'était plus bas.

Ailleurs, nous ne trouvâmes qu'une Chinoise assise devant sa porte et qui regardait à l'intérieur une chose étendue sur la terre battue ; c'était une jeune fille en pantalon de toile, sa veste remontée

et roulée autour du cou. Son buste était nu. La fille était morte. Des taches sur les seins et sur la figure. Elle avait dû s'empoisonner.

Subitement, un bruit semblable à celui de chariots roulant sur une route nouvellement empierrée : la fusillade !

Nous suivîmes toujours la voie. Bientôt nous vîmes un train qui ne bougeait pas. C'était un train sanitaire.

– Salut ! dis-je à deux Chinois qui paraissaient être des médecins.

Et, montrant le côté d'où venait la fusillade :

– Est-ce loin ?

– À sept lis ! dirent-ils à l'interprète.

Je laissai voiture et personnel et je pris par le champ. C'était un sale jour. Le vent jaune soufflait. Je fus forcé d'ajuster mes lunettes. Les canons donnèrent tout d'un coup, par salves, comme chez nous. Cela avait l'air d'être une vraie bataille. Je marchais depuis trois quarts d'heure. Je ne voyais rien encore. Sept lis, à peu près quatre kilomètres. Je repris ma carte. Rien n'était signalé ; aucune route. Évidemment ils se battaient pour la possession de la ligne de chemin de fer, mais alors que faisait ce train sanitaire dont la locomotive était froide ? Drôle de guerre ! Au fait, chez qui étais-je ? Chez Tsang-Tso-lin ou chez Wou-Pé-Fou ?

La fusillade s'entendait très bien, mais aucune balle ne sifflait. Les docteurs s'étaient certainement trompés. La chose se passait plus loin.

Enfin j'aperçus du monde. Des charrettes à bœufs cahotaient sur ma droite. Je filai sur ce convoi. C'étaient des blessés qu'on ramenait. Un Chinois, qui avait l'air d'être l'officier, me regarda sans comprendre. Mais il ne me demanda rien.

– Tsang-Tso-lin ? fis-je.

Je n'eus aucune réponse, même pas des yeux. Le convoi continua du côté du train et moi je suivis en sens inverse les traces qu'avait laissées le convoi.

Je marchai pendant trois kilomètres encore. La fusillade avait cessé de rouler, mais j'entrai dans la zone. Je voyais devant moi des hommes en ligne, couchés. Je me couchai.

Pas de fils de fer, nulle tranchée. Ah ! c'est bien la guerre domestique dont me parlait ce délicieux ministre des Affaires étrangères !

Cependant les Japonais ont dû éduquer Tsang-Tso-lin ? Mais n'était-ce pas plutôt une rencontre qu'une guerre ? Alors, comment les canons étaient-ils là ? Car cette fois les obus sifflaient sur notre gauche. C'étaient des départs.

– Croix-Rouge ?

Je me retournai. Un Chinois s'était approché de moi en rampant.

– Non ! fis-je.

– Ambassade ?

– Non !

– *Newspaper ?*

– *Yes !*

– *Chinese Times ?*

Dans certaines circonstances, il ne faut contrarier les gens que le moins possible :

– *Yes !*

Je demandai :

– Tsang-Tso-lin ?

– *Yes !*

Alors je sortis de ma poche le beau portrait dédicacé de Tsang-Tso-lin. Je l'avais apporté... en tout cas.

– *Good !* faisait le Chinois en donnant du nez dans une motte de terre, *good !*

C'était le capitaine de la section. Il n'avait pas l'air d'un grand bandit. Mais il ne devait avoir aucun usage du monde. Où ce Chinois avait-il appris que des attachés d'ambassade quittaient ainsi Pékin pour venir traîner leur ventre dans la boue ? Ce n'était cependant pas un court de tennis, cet endroit-là !

La fusillade roula de nouveau, mais sur notre droite. J'étais tombé dans l'un des flancs de cette affaire. Ce n'était pas une guerre de positions mais de mouvements. Cependant, personne ne bougeait. On comprenait très bien ce qui se passait. Les deux camps se fusillaient, chacun dans l'espérance de voir lâcher pied à l'autre.

– Pékin ? interrogea l'officier.

Je répondis par les gestes parlants avec quoi on signifie qu'il y a ébullition.

Sur ce terrain plat, dans cette guerre de fantassins, un homme accourait à *cheval*. C'était

invraisemblable, mais c'était vrai. Je m'en dressai sur les coudes. Après tout, ces gens-là avaient le droit de se battre à leur manière. Le cavalier passa devant nous au petit trot. Il continua, puis il revint. Bref ! il ne savait pas où il allait. Il se promenait.

Un obus tomba à deux cents mètres. Chacun le salua. Aussitôt on entendit gémir. Et des corps se traînèrent vers l'arrière.

Quand ces soldats défilaient dans les rues de Moukden ou de Tient-Sin, ils ne ressemblaient qu'à des pouilleux, mais le feu purifie tout. Morts, blessés, vivants, tous avaient bien l'air de soldats aujourd'hui !

Je restai là deux heures. Tout à coup, un grouillement devant nous. Des troupes refluaient. Celles avec qui j'étais se levèrent et partirent aussi. Tout cela, dans un désordre chinois, se dirigeait, ayant perdu l'âme, vers la voie ferrée. Tsang-Tso-lin cédait le terrain.

Je rétrogradai. La masse vaincue m'entraînait dans son vent. Les champs bourdonnaient d'une rumeur haletante. Je pris le temps, comme à mon insu, de me considérer au sein de cette vague jaune. Cela me parut étonnant. Mais ma pensée redescendit vite. J'étais de la vague et, comme les autres, je n'avais plus qu'à courir m'étendre sur un rivage.

Le gros obliqua dans la direction de Tient-Sin. Je marchai sur le train pour retrouver ma voiture. Le Chinois qui, tout à l'heure, cavalcadait, me dépassa au grand galop, allant aussi sur le train.

Le sanitaire était en vue. Pourvu que M. Pou n'ait pas détalé avec l'auto !

J'approchais. Devant la ligne, un beau gaillard, stick sous le bras, solidement planté et jumelles aux yeux, examinait l'affaire. Soudain, il braqua sur moi. Puis il leva les deux bras et, s'avançant :

– *Hello ! How are you ?*

– Ward-Price ! Vieille chose ambulante ! Lumière du *Daily Mail,* confrère et frère, que f... -vous là ?

Ward-Price me serra la main et dit :

– Je suis très satisfait de vous revoir.

Nous n'étions pas des amis d'hier. C'étaient des vieux compagnons de boulet qui se retrouvaient. Corbeaux internationaux, nous nous étions maintes fois rencontrés sur les charniers du vaste monde.

L'équipe des reporters au long cours n'est pas nombreuse. Anglais, Italiens, Français, tout cela remplirait à peine deux wagons. Mais ces hommes sans foyer et sans avenir s'aiment confortablement. Quand, à l'appel d'un événement, l'un met le pied sur un bateau, il balaye tout de suite le pont du regard dans l'espoir des camarades.

Cependant, la destinée voulait que parmi tous – et je pense à vous, mes vieilles mouettes qui vous appelez Henri Béraud, Édouard Helsey, René Puaux, Jean Vignaud, et toi qui t'appelais André Tudesq –, nous fussions, Ward-Price et moi, particulièrement voués à la même catastrophe.

Nous n'arrivions pas toujours ensemble. Non !

Ainsi l'un venait de traverser l'Atlantique et le Pacifique, l'autre, la Méditerranée et l'océan Indien, mais qu'importait ? Une flaque de sang n'allait-elle pas tacher la Chine ? Alors ils se retrouveraient. N'est-ce pas, Anglais de mon cœur ?

Je regardais Ward-Price et ne le reconnaissais pas tout à fait.

– Qu'est-ce qui vous manque ?

– Rien, fit-il, j'ai touché un chèque à Shanghaï avant-hier.

Ces Anglais ne pensent qu'à la livre sterling !

– Ce n'est pas ce que je veux dire. Il vous manque quelque chose.

Il lui manquait sa machine à écrire.

– *No !* fit-il, et, faisant trois pas, il la ramassa sur le ballast.

Ah ! ce sont de curieux citoyens !

– Qu'est-ce que c'est ? demanda Ward-Price en montrant la débandade de l'armée de Tsang-Tso-lin.

– Ce n'est rien.

– Comment va le télégraphe à Pékin ?

– Il ne va plus.

– Quelle langue parle-t-on ?

– Aucune !

– Pourquoi m'a-t-on *détourné* par ici (il arrivait de Washington !) ?

– Pour me dire bonjour.

– Que se passe-t-il ?

– De quoi faire rire pendant deux semaines, chaque matin, vos lecteurs du *Daily Mail*.

– Je débarque. Racontez-moi. Enfin la Chine, qu'est-ce que c'est ?

Je pris le bras de mon vieux compagnon et, tout en marchant le long de la voie de chemin de fer, je commençai :

– La Chine, mon ami...

TABLE

Mis en pages par DV Arts Graphiques à Chartres.

DU MÊME AUTEUR

Dans la collection « Motifs »

Terre d'ébène, n° 8
Pêcheurs de perles, n° 12
Le Chemin de Buenos Aires, n° 16
Marseille, porte du sud, n° 22
Tour de France, tour de souffrance, n° 37
Chez les fous, n° 44
Les Comitadjis, n° 45
Au bagne, n° 59
Le Juif errant est arrivé, n° 62
Dante n'avait rien vu, n° 67
L'homme qui s'évada, n° 81
Visions orientales, n° 164

La Chine en folie